# ÉTICA
# O HOMEM E O DIREITO

## Desobediência da Personalidade Ética

José Manuel de Sacadura Rocha

# ÉTICA
# O HOMEM E O DIREITO

## Desobediência da Personalidade Ética

2ª edição
revista, atualizada
e ampliada

2019

EDITORA
JusPODIVM
www.editorajuspodivm.com.br

EDITORA *Jus*PODIVM
www.editorajuspodivm.com.br

Rua Território Rio Branco, 87 – Pituba – CEP: 41830-530 – Salvador – Bahia
Tel: (71) 3045.9051
• Contato: https://www.editorajuspodivm.com.br/sac



• A partir desta edição, a obra *Ética Jurídica:* Para uma filosofia ética do direito passa a ser publicada pela Editora *JusPODIVM*, sob o título *Ética – O homem e o Direito:* desobediência da personalidade ética.

**Capa:** Ana Caquetti

**Diagramação:** Lupe Comunicação e Design (*lupecomunicacao@gmail.com*)

R672e Rocha, José Manuel de Sacadura.
Ética, o homem e o direito / José Manuel de Sacadura Rocha – 2. ed. rev. ampl. e atual.
– Salvador: Editora JusPodivm, 2019.
208 p.

Bibliografia.
Índice.
ISBN 978-85-442-2603-2.

1. Filosofia do direito. I. Rocha, José Manuel de Sacadura. II. Título.

CDD 340.1

*A virtude não é tão fácil como o vício,*
*mas pode ser ajudada.*

José Saramago

*Para meu pai,*

*cujo exemplo de retidão e*
*decência sempre me compeliu ao bem.*

*Para minha mãe;*

*em seu regaço aprendi a relação entre*
*amor e conduta decente.*

# PREFÁCIO À 2ª EDIÇÃO

*"Dizia o velho Agostinho*
*Que este mundo é cheio de arte*
*E se encontra em toda parte*
*Pedaço de mau caminho"*
Patativa do Assaré

Este é um livro didático, mas também não o é! Quanto mais o tempo passa, menos didático ele parece ser, apesar dos esforços do autor para que ele o seja. De 2011 (data da 1ª edição) a 2019, o povo brasileiro parece ter dado uma guinada inesperada e insólita para o "lado negro da força", com reforço expressivo nas práticas antiéticas tanto na esfera privada como pública. A obscuridade fez os dias invernais, com a esperança a querer nos abandonar...

Em momentos como este os povos costumam aceitar, e até reforçar, o que não é apropriado; desenvolver certa apatia em relação à violência verbal e física. Nada do que está colocado para a vida social no mundo hoje parece reforçar o objetivo dos pensadores de nos ensinar sobre ética e decência. Estaremos fadados à barbárie?

Este livro teve o objetivo inicial de averiguar por meio da pesquisa teórica o que os pensadores clássicos que se dedicaram à Deontologia – ramo da Filosofia dedicado à Etica – quiseram nos dizer sobre o comportamento humano do ponto de vista dos atos de uns em relação aos outros. A pretensão singela deste livro, agora em sua 2ª edição, totalmente revista e ampliada, é contribuir para o debate que enalteça as escolhas certas dos homens, sempre possíveis mesmo nos momentos mais desesperadores como o nosso: repetição das mais negras páginas da história, no século XXI, a demonstrar de forma cabal que o Iluminismo foi, para dizer o mínimo, inconcluso. Devemos, pois, voltar aos estudos!

Nem ao poeta, nem ao historiador, nem ao filósofo podem ser atribuídas faculdades extraordinárias capazes de reverter o que os povos são e/ ou desejam – simplesmente porque "os povos desejam o que são", o que fazem são eles mesmos, pelo menos em quantidade significativa para dar o "tom" da vida social mais ampla. Contudo, não sendo as práticas antiéticas efetivadas pela totalidade dos agentes sociais, sempre o "pensamento do bem" se inclina à vida ressurgida pela educação, sensatez e racionalidade objetiva em prol daquilo que possa ser uma Vida Boa para todos. Foi assim que reli e revi algumas coisas neste livro, e ao final, achei que "ainda" valeria reeditá-lo, oito anos depois da pesquisa inicial – mais agora que nunca, talvez, um sopro de esperança, ou apenas a lembrança viva de um sonho bom para todos, onde a filosofia da decência esteja tão presente que o comportamento ético flua naturalmente como o ar que respiramos.

O dia em que a humanidade entender, e colocar em prática, a ideia simples que somos apenas passageiros de uma "pequeníssima roda" a girar em um ínfimo pontinho de infinitos conglomerados estelares, que somos apenas "um grão menor do que o menor grão de areia conhecido", talvez então se possa compreender a grandiosidade despretensiosa do Universo que nos atinge – estamos sós como "unidade do diverso"; como tal, somos tão somente uma possibilidade coletiva, pelo coletivo: como coletivo e por dentre dele somos. Por isso a ética, e agora já o comportamento decente em relação a tudo que compõe a vida, não é "só" uma escolha, mas o mais insofismável "imperativo categórico"! Um dia, então, a decência não precisará mais de uma "*personalidade ética desobediente*": sejamos apenas o viver!

Minha pátria minha língua,
Outono de 2019.

# PREFÁCIO

O que fez com que o prisioneiro judeu a caminho do forno crematório chorasse por piedade de seu algoz, como relatado por Giorgio Agamben? O que fez com que centenas de pessoas se ajudassem mutuamente e corressem o risco de suas próprias vidas nos campos de concentração nazistas e nos *gulags* soviéticos, como nos diz Tzvetan Todorov através de incontáveis depoimentos de ex-detentos? E qual a motivação que moveu outras tantas dezenas de pessoas a abrigar e proteger foragidos dos campos de concentração e dos guetos de seus algozes, mesmo expondo-se ao perigo iminente de serem igualmente exterminados? O que leva um indivíduo como Arkadi Vaksberg insistir em denunciar os crimes de Estado ainda agora quando o mundo acredita poder conviver democraticamente com a Rússia? Por que uma pessoa escolhe enfrentar a lei e permanecer fiel a seus princípios, por exemplo, o que fez aquele humilde tratorista funcionário público a se recusar a cumprir a ordem judicial para derrubar os barracos dos sem-teto? O que faz uma esposa seguir os passos e descompassos de seu esposo por toda a vida, por toda uma curta vida, mares afora, continentes adentro, sempre a reerguer-se das cinzas e a recomeçar do nada?

A lei? A fé? A tradição e os costumes? O romântico sentimento amoroso? A moral, a concepção universal do bem? Ou apenas e tão-somente o respeito por si mesmo?

Quem é ético o é para sempre, de forma inalienável e irreversível. Quem se pauta por condutas decentes o faz porque assim o escolheu. Quem reconhecidamente é um sujeito correto o é devido a uma opção irrecusável de bem viver. Quem acima das vicissitudes da existência resiste à banalidade do casuísmo, do favor e do favorecimento, da prevaricação e corrupção, o consegue devido a uma transformação espiritual própria, uma decisão intrínseca ao que considera ser uma vida boa.

A falta de ética se deve mais à incompreensão da realidade do que à escolha da "verdade". Quando os indivíduos se dão conta da essência na existência das relações de poder que povoam suas vidas, normalmente escolhem o caminho da retidão, porque já é parte dessa escolha correr os riscos que dela provém. Escolher algo é sempre e em princípio descartar uma ou outra possibilidade. O conhecimento da essência por detrás da pseudoconcreticidade facilita, e até mesmo estimula nos sujeitos decentes, o risco e o desafio de escolher algo correto e não escolher outra coisa menos arriscada. O existencialismo não é apenas humanismo, mas igualmente ativismo. Uma escolha é uma intromissão em um vetor – existente ou novo – da existência e configura de alguma forma certa resistência à banalidade e "quietismo" em relação a algum poder.

A estética virtuosa do sujeito é uma obra de arte silenciosa e interna, exclusiva e solitária, do espírito superior que busca a conduta ética com a mesma parcimônia e obstinação com que o rio procura o mar e os seus pulmões o oxigênio tão rarefeito à sua volta. Mas como é inevitável que do pequeno jorro de água da nascente o rio se avolume e ganhe força para enfrentar os maiores obstáculos rumo ao oceano, assim uma *desobediência ética*, uma pequena resistência, um não, cria uma força inesgotável, potencializa e fortifica a estética do sujeito íntegro. Não há nada que possa desviá-lo de seu caminho de dignidade.

Sem dor em demasia, sem rancor algum, sem devaneio contemplativo do incognoscível, apenas o Eu e sua filosofia, escolha existencial em meio à sua circunstância. Uma estética impenetrável, inelutável para o mal e os seus adeptos insuspeitos. Na pós-modernidade o mais fácil é provar que não existe distinção entre a decência e o desprazer insólito da má conduta. E os defensores desse relativismo não são pessoas de má-formação ou índole perversa, iletradas ou mal-intencionadas. Pelo contrário, são apenas pessoas de nosso tempo.

Espiritos verdadeiramente superiores renascem heroica e obstinadamente todos os dias, a cada instante, do pó e do restolho dos crematórios e das câmaras de gás que se tornaram nossas instituições públicas e privadas. Mas eles sabem para quem foi escrito "Que haja uma 'verdade' da qual se possa, de algum modo, aproximar- !".

A dignidade não é emanação de uma lei, de uma orientação ou mandamento divino, nem uma simples devoção altruística. Da mesma forma que o maior poder é o poder sobre o homem, a maior dignidade é construída a partir da escolha consciente e livre desse não-poder. Existe suficiente esforço e obstinação ética nesse não-poder, o não poder submeter alguém, uns poucos ou muitos. Ser digno é apenas, e afinal, isso: "lutar por sua liberdade sem limitá-la a si".

Não podemos de fato enunciar e discursar incólumes sobre as motivações inumeráveis dos fatos que demonstraram condutas éticas ímpares, a não ser num esforço retórico e didático que usa tais condutas como ícones a reforçar o discurso de que a decência e dignidade são possíveis. No âmago de todo o comportamento ético está o indecifrável; sofismar sobre as suas motivações é uma violência a invadir aquela escolha sublime e exclusiva do autor. No momento mais relativista e construtivista que grassa nosso tempo pós-moderno, até os fatos mais sórdidos perpetrados pela humanidade são questionados e exigem posturas corajosas em relação às intenções metodológicas éticas da construção do conhecimento. Vivemos um tempo em que "verdades" parecem existir "tão-somente" para serem refutadas, mesmo sendo fatos históricos insofismáveis.

O que faz uma sociedade aceitar uma lei que autoriza o aborto se a mãe foi estuprada ou se corre risco de vida em sua gravidez? Qual a regra ou máxima moral que nos leva a acreditar que o assassinato em legítima defesa não é imputável? O que nos leva a crer que o doente mental ou o menor de idade não podem ser condenados? O que nos fez acreditar que as pesquisas com células-tronco embrionárias são importantes e legítimas? O que nos faz acreditar, por exemplo, que relacionamentos homoafetivos devem ser considerados como válidos e respeitados no Estado democrático de direito?

Nestes casos e em uma infinidade de outros, seja qual for o critério que racionalmente possa ser usado em defesa de uma posição, sempre haverá a possibilidade de argumentar contra a escolha que se fez para incutir dignidade na resolução do caso concreto. Se por um lado é óbvio que apenas "uma determinada escolha" pode conferir significado ético a estes dispositivos legais, por outro lado, não parece menos óbvio que algum ente será sacrificado em benefício de alguém, o que fere, portanto, a máxima de que a ética e a estética do bem viver refere-se a "escolhas cuja liberdade não encontra limite apenas em si". Em tais casos e outros semelhantes, alguém será penalizado, em muitos casos com a própria vida, e ainda assim há que se falar de *Justiça*. Pois o ato de justiça não é *sine qua non* uma decisão inconteste, capaz de não penalizar e agradar a todos.

Contudo, não duvidamos – pelo menos não significativamente! – que é *justo* e que faz sentido preservar a mãe e matar o filho; defender a vida do agredido em detrimento da mesma vida do agressor; a possibilidade da vida e da saúde futura manipulando a vida embrionária atual; ultrapassar os limites da moral procriativa em benefício da solidariedade e afetividade humana. Fere o bom senso e as necessidades da vida societária, por exemplo, que a opção sexual e amorosa seja superior à utilidade, inteligência e criatividade que um indivíduo pode proporcionar ao todo, quando física e psicologicamente está motivado (a menos que se considere *per se* como doença sua opção amorosa). O mesmo raciocínio de benefício social maior pode ser estendido aos demais exemplos.

Mas em todos os casos e de alguma forma o fato essencial permanece o mesmo: alguém, alguns ou muitos se beneficiam pela escolha que pretere outrem. Uma escolha é efetuada não por um critério universal e absoluto que repouse na impossibilidade de refutação sobre uma "verdade", mas apesar dela, quer dizer, dessa mesma possibilidade de recusa e refutação do argumento válido usado (no caso jurídico com base nas expectativas sociais mais abrangentes, o que de fato lhe dá legitimidade ou pelo menos possibilita o uso genérico e generalizado do argumento legal), o fato é que a própria escolha confere dignidade à ação humana, desde que, alguém ou alguns – que não, ou apenas, o tomador da decisão – possam se beneficiar dela, ainda que seja discutível e refutável com outros argumentos essa "verdade" onde repousa a opção que a escolha encerra. E sendo assim, "o limite da liberdade de escolher não se restringiu a si".

Em resumo, uma estética decente não pode prescindir do Outro na *baseline* final de argumentação para o ato que se pretende correto, bem como não pode evitar racional e democraticamente a sua refutação por vontade, credo ou raciocínio alheio. O ato da escolha humana já encerra em si mesmo uma estética ética, pois será sempre impossível afirmar com precisão que alguém não tem o direito de escolher, caso contrário não existe liberdade, e, obviamente, sem liberdade de escolha, será sempre arbitrário e injusto julgar e condenar alguém.

Espera-se que esta estética seja para o bem, ou seja, que as escolhas de um indivíduo sejam permeadas pelos limites que o outro e a vida social lhe impõem, como a sobrevivência sua e da espécie, como o desejo de não ser molestado ou reprimido da mesma forma que reprima ou moleste alguém, como a obrigação de servir compulsoriamente a outrem, a alguns ou ao poder estatal sem dar conta de que subjuga e se comporta usando das mesmas estratégias de poder nas relações com os outros. Se a estética ética do Ser já comporta em si o direito de escolher, comporta igualmente a decisão pela lisura que leva em conta o *bon sens* e o *bon homme.*

De tudo isto se depreende que uma opção nunca é total, uma escolha nunca é absoluta. Mas todo o ser humano adulto, sadio mental e fisicamente, sabe e tem noção do que seja o correto, ainda que seja em bases muito simples, mas não menos importantes, e pode optar pela retidão, em última análise escolhendo não fazer o que não gostaria que o fizessem sofrer. Normalmente chamamos a decisões e atos deste tipo de *Ética.*

Num tempo em que a verdade não parte mais da observância inconteste dos fatos, mesmo os históricos, seus documentos e seus relatos vivenciados, mais do que nunca a obstinação pela decência precisa converter-se em prática capaz de afirmar que uma estética ética é mais do que um discurso filosófico: é a afirmação da humanidade que existe possível em cada Ser, pois a dignidade é a última noção humana que pode ser contratada. Felizmente, incontáveis pessoas continuam a demonstrar – e não poderia ser diferente, com pena do colapso da humanidade! – que a opção por uma existência digna e correta é tão somente uma escolha, ainda que não uma escolha qualquer: um *salto* de qualidade irreversível.

Por existir uma *personalidade ética* assim, muitas vezes *desobediente*, a estética ética do Direito é possível.

Verão de 2011.

# SUMÁRIO

# INTRODUÇÃO

Este livro, "Ética – O Homem e o Direito: desobediência da personalidade ética", objetiva uma "estética" para o Ser e para o Direito. Destina-se a explicar como o conceito filosófico apresentado propõe a "construção do Ser" e a "construção do Direito". Tal proposta apresenta-se encabeçada por uma determinada *desobediência* que irremediavelmente floresce adubada pela racionalidade ética, uma escolha do Ser por preceitos que valorizam e dignificam a vida do Eu tanto quanto sua consciência de dever.

Propor uma liberdade e moralidade orientada pelo semelhante é o seu fundamento. O limite de sua postura libertária não pode ultrapassar, portanto, o *dever ser*, o imperativo moral e a intersubjetividade de base normativa. Mas, de forma não menos contundente e corajosa, reclama para si a responsabilidade de "desconstrução" de tipos sujeitados, indivíduo e Direito. Esta desconstrução tem, devido ao "salto" existencial que propõe, um olhar desobediente e uma prática iconoclasta de ambos, em nome, claro está, da honestidade e retidão da justiça. Um *sistema de ética jurídica* é possível com base em que parâmetros?

A dualidade Ética-Estética e Ser-Direito podem ser estudadas, por exemplo, nos seguintes termos: o que é possível julgar e punir com base em valores de decência? A resposta a esta pergunta nos leva a outras: o "bem comum" e a "felicidade" dos homens estão acima de quais valores? Podemos ainda considerar o bem comum e a felicidade como suporte ou objetivo de uma conduta decente? Por exemplo, a "função social" da propriedade é superior à "propriedade privada"? Em várias constituições liberais burguesas este princípio está consagrado, inclusive no caso brasileiro. Mas como Orlando Gomes dizia em 1958: "Verifica-se, em suma, na evolução legislativa do Direito privado brasileiro, aquele descompasso entre Direito escrito e a realidade social (...)". (*Raízes Históricas e Sociológicas do Código Civil Brasileiro*, 2003:45). Uma pesquisa sobre decisões sentenciais deve revelar que apesar da "função social da propriedade" como dispositivo constitucional (Art. 170-III, CF), a esmagadora maioria das deliberações consagra valor maior à reintegração de posse do que à função social da mesma.

Os delitos, entendidos como valoração normativa do fato social em si, podem ser interpretados e sentenciados destarte valores éticos, e neste caso, que valores seriam esses? Esquece-se muitas vezes que a função maior do Direito cristaliza-se na atitude jurídica de "julgar o desigual de forma desigual". Ou valores não é parte do Direito e a ética – fenômeno sociocultural – deve ser alijada dos sistemas de Direito, como propõe a "ciência jurídica" (Hans Kelsen), e mais modernamente, a "nova retórica" (Chaïm Perelman)? Apesar disso, afinal, é possível "compor" uma escolha existencial salutar e decente, uma vida boa, comprometida com o sistema prosaico e soberano de justiça estatal?

Responder a estas questões exige uma genealogia de como certos princípios morais clássicos se bem compreendidos revolucionariam as formas de ver e tratar a ética, não necessariamente vistos de forma ortodoxa, mas sobretudo vistos desta forma, de forma revolucionária. Impossível esgotar o estudo da ética. Basta apontar, quiçá, os grandes momentos de discussão deontológica. Ao se fazer isso, perceberemos como hoje importa mais o "invólucro" das ações do que seus "valores basilares", e, portanto, esta genealogia deve evitar que caiamos nas armadilhas modernas de distorção e apropriação mercantil, que vai de um dogmatismo ideologicamente elitista a um extremo relativismo mistificador.

Enunciados "primários" nem sempre são adequadamente entendidos, originando confusões e sobreposições que prejudicam a necessidade da conduta ética. Enquanto a Ciência é objetiva – procura o paradigma da verdade –, a Filosofia é subjetiva – procura a "verdade por trás da verdade", portanto, desconstruir o paradigma estabelecido. Ora, a Deontologia – cujo objeto de estudo é a Ética – é um ramo da Filosofia, porquanto, objetivamente o valor último de sua verdade só pode ser dado pela verdade de espírito, ou, a conduta decente do indivíduo é uma opção de seu Ser racional diante da vida, em contato com a existência das coisas do mundo e dos outros indivíduos. Pensar o meu existir em relação com as coisas do mundo e com os outros indivíduos é fazer Filosofia: a busca da "verdade por trás da verdade", da minha verdade em relação às verdades do mundo e dos outros, da própria possibilidade da verdade etc.

Por isso mesmo, quer dizer, devido a esse pensar subjetivo, pessoal e intransferível, a tensão é primordial e inevitável. Para o homem moderno, contudo, o conhecimento científico, prosaico e técnico, serve de remédio para esta tensão de pensar a escolha de uma conduta correta. Relação com o mundo, intersubjetividade com os outros, escolha, opção pela decência, valorizar o coletivo, são instrumentos de vida que envolve sentimentos, valores morais, responsabilidades subjetivas. Algo que a mecânica cartesiana não pode resolver em absoluto, tampouco o refúgio ascético e o divino. Escolher é subjetivo, mas não existe a opção de não escolha: claro, a não escolha também é uma escolha. Quando mecanizamos a vida não precisamos nos dedicar às verdades, mas apenas ao sentido das coisas. Na modernidade vivíamos sem saber "devido ao quê", mas apenas "entendendo o porquê": precisávamos do sentido, mas não da verdade. Na pós-modernidade, precisamos apenas que "funcione": nem verdade nem sentido, ou melhor, verdade e sentido são a "funcionalidade" de um existir sem pensar, sem optar. Desde que dê "certo" o "nada" é apanágio da felicidade. Quando a Filosofia é envolvida neste ciclo vicioso, a ética se materializa como "algo" sobre o qual não precisamos refletir muito profundamente. O senso comum acha que a menos que sejamos catedráticos, "filósofos de carreira", a ética não precisa ser pensada. A realidade só poderia ser essa que passivamente vivemos, onde o comportamento incorreto é apenas uma estratégia legítima de vida de cada um.

Então precisamos mais do que nunca de uma certa estética. A uma determinada estética do Ser corresponderá uma estética possível do Direito. Isto não implica que a conduta e a ação do Direito (sua assimetria entre rico e pobre, por exemplo) não reflitam na estética decente dos cidadãos, como os objetivistas dogmáticos gostam de apregoar, mas é uma impossibilidade de fato, e um autoritarismo, acreditar-se que o ordenamento jurídico por si só, de cima para baixo, possa objetivamente e de forma normativa assegurar a conduta ética e decente dos indivíduos. Uma simples análise demonstraria (Barbara

Herrnstein Smith, *Crença e Resistência:* A dinâmica da controvérsia intelectual contemporânea; 2002) que é vazio por si só o discurso da objetividade teórica e prática da ação jurídica, o que inviabilizaria de fato esta tautologia de que o Direito está na base da ética do comportamento social. Ao contrário, os indivíduos quando optam por comportamentos ilibados e corretos, transtornam e inviabilizam menos os aparelhos jurídicos, e estendem o controle social, soberano, às esferas jurídicas tidas, neste caso, como parte do corpo social, e não inversamente, como se o jurídico fosse a própria sociedade.

Neste livro ousa-se fugir do raciocínio valorativo exclusivamente objetivista, não em nome de um "quietismo", mas propondo um pensamento crítico e atuante. A estética proposta para o Ser e para o Direito parte do indivíduo, de sua escolha inalienável (do ponto de vista de sua soberania, não de outros ou do Estado) e irreversível (com pena de sua própria humanidade e personalidade) da conduta ilibada, tendo como pano de fundo e como espelho o Outro, e o coletivo, não a Lei, a moral religiosa ou o costume. Ao contrário do que normalmente os objetivistas argumentam o comportamento decente não deriva proficuamente do medo do Estado (coerção física), da Igreja (tipo juízo final) ou da tradição (de forma geral, conservadora e obscurantista). As alegações objetivistas pretendem uma superioridade técnica-epistemológica que na prática incentiva mais à desconstrução da responsabilidade ética dos indivíduos (se a lei não puder julgar e punir, então o ato é lícito a partir da premissa que "ninguém será obrigado a fazer ou deixar de fazer alguma coisa senão em virtude de lei" – Art. 5-II, CF), ou às agressões dos povos contra as minorias ou os genocídios contra os outros povos (em nome do nacionalismo, da preservação religiosa ou cultural, da preservação da raça e sobrevivência da espécie, da língua, da riqueza territorial, dos ancestrais etc.).

Isto não significa, contudo, que enunciados e discursos epistemológicos confiáveis e lúcidos não possam contribuir para uma expectativa ético-subjetiva neste sentido, de uma experiência pessoal que ousa desobedecer para garantir sua personalidade e em função da intersubjetividade possa se inquietar e indignar com o tratamento desigual, desumano, pretensamente superior, arrogante e virtualmente autoritário de pessoas, grupos ou instituições. E isto é possível não só pela desobediência ao arbítrio assim anunciado como pela referência humana única do Outro, que está na coletividade, da busca de mim e crença inabalável na liberdade de cada um como finitude de comportamento decente. O problema maior a ser enfrentado é, pois, como aproveitar objetivamente preposições, argumentações e sistemas de ética objetivistas válidos capazes de construir escolhas de conduta não objetivistas, dado que para o espírito inquieto, por ser decente, não se trata de refutar *per se* o conhecimento, mas de utilizá-lo em uma construção inquietante do Ser, e daí para diante, de uma estética de vida individual e institucional que parte do coletivo e a ele deve voltar para o bem de todos.

Também pesa sobre esta ousadia, para o homem *bipolar* contemporâneo (certo-errado), ou o anseio da fuga do *cogito* socrático de uma metafísica dos valores perenes e transcendentais transformados em legalidade humana, ou o sofisma epistemológico de Protágoras a anunciar o relativismo absoluto das coisas do mundo e das inventadas pelos homens, onde ele incluía a lei. Assim, estamos submetidos a toda a sorte de argumentos válidos, mas que mais do que elucidar, confundem-nos entre a busca da "verdade" e "validade". Obviamente que nem tudo pode deixar de ser objetivo (a defesa da integridade física do cidadão, ou a segurança jurídica), assim como igualmente não se pode deixar de privilegiar a justiça (enunciado eminentemente subjetivo). A dificuldade aqui é que se toma, de acordo com a epistemologia objetivista clássica, a "verdade" como possível, e a "validade" de uma preposição, argumento ou norma, como consequência inevitável dessa verdade real. Uma posição existencialista não pode, nestes termos, abdicar de refutar tal normativismo objetivista no mesmo ínterim em que observa que o relativismo absoluto é impossível (como no caso da soberania absoluta, liberdade absoluta, igualdade absoluta, leis absolutas, o bem e o mal de forma absoluta etc.).

O relativismo de Protágoras não é efetivamente uma alternativa dual ao absoluto ético de Sócrates. Este leva ao medo, à insuficiência do espírito, ao esvaziamento da autorregulação, ao descarte da intersubjetividade humana, da escolha, da vontade, da potência de agir e à preponderância do Estado, do poder superior, da assimetria legal e de validade de um privilégio normativo e epistemológico anterior (tradição prático-teórica de Sto. Agostinho, Hobbes, Comte, Kelsen, Schmitt). Naquele, por outro lado, corre-se o risco de uma liberalidade desautorizante, da banalização dos valores e, por que não, dos sentimentos, leva à confusão entre autoridade e autoritarismo, com visível predominância deste, o risco de comportamentos irrecusáveis e de ilícitos inimputáveis, e, consequentemente (e isto é o perigo de se aceitar um subjetivismo de quietude), escolhas danosas para quem escolhe e para quem não quis escolher (partindo-se do princípio que a não escolha é igualmente um ato de liberdade e um direito), aonde poderá, em tais condições, prevalecer a lei do mais forte, a força do mais poderoso (tradição prático-teórica de, Stirner, Nietzsche, Weber, Foucault).

A subjetividade inquieta e desobediente tem por simetria o fato de que uma conduta ética exemplar não o é porque adivinha ou apregoa condutas únicas inquestionáveis, mas porque seja qual for a conduta ética ela tem que ser questionável do ponto de vista da possibilidade de cada indivíduo desenvolver a potencialidade de seu espírito humano sem agredir como condição para isso o mesmo valor e potencialidade do Outro. Eis, em última análise, a que se propõe o enunciado e o discurso de uma *desobediência da personalidade ética*, a tese deste livro.

Em Immanuel Kant, por exemplo, o homem se "desumaniza", se perde a ética como prática, visto que a ética é ontológica; em Friedrich Hegel, o homem se "desumaniza", se pratica a liberdade irrestrita, haja vista que a intersubjetividade é irrecusável; para ambos, o homem se "desumaniza" sempre que faz ao Outro o que não gostaria que fosse feito com ele mesmo. Nestes casos, o que separa tais autores do objetivismo recalcitrante é o fato da "crítica à razão" ter como condição a aproximação com o Outro. O que os separa do relativismo infronteiriço é que nessa aproximação irrecusável a escolha do indivíduo é ética.

Por outro lado, temos problemas do tipo: se realmente não é possível obter a "verdade" das coisas e dos fatos, como propõe a argumentação kantiana, vez que entre o objeto real e a sua descrição existe a interpretação, como o raciocínio avaliativo objetivista chega à "verdade"? E se esta "verdade" é impossível, qual a "validade" do juízo avaliativo objetivista, qual, por exemplo, a "validade" do sentido que damos à justiça, e qual, objetivamente, o significado de "obrigação", "dever", "direitos", julgar com base em que compreensão dos fatos, como imputar um fato social e valorar determinada conduta como ilícita? Ainda que fosse possível esquecer ou deixar de justificar atos humanos pelas circunstâncias (atenuantes ou agravantes) contexto e independentes dos sujeitos, como o raciocínio chega objetivamente à legitimidade de inquirir, denunciar, indiciar, julgar e sentenciar? Entretanto, é sabido que Kant via no Estado o maior exemplo civilizatório e depreendia deste fato o papel fundamental da Lei em pelo menos equilibrar o exacerbamento do mundo material com o espiritual, ou dando à ética ontológica (imperativo categórico) a chance de não ser completamente subjugada pelo espírito mercantil (imperativo hipotético).

Efetivamente, diante de duas (ou mais) proposições, como escolher uma como verdadeira em detrimento da outra? O objetivismo que acredita ser ontologicamente correto precisa pressupor em seu *cogito* que sempre haverá o certo e o errado em duas proposições jurídico-argumentativas. Neste caso a justiça é algo objetivo, formal e prosaico, baseado na "certeza" que o bem se revela por si mesmo, ou por força de uma intervenção divina ou então através da demonologia do portador da "mentira" no sentido em que seu discurso ou argumento não pode ser verdadeiro já que, obviamente, o meu o é. Esta demonologia como fator de revelação da "verdade", repousa ou na "fé" da verdade transcendental ou na "revelação" epistemológica ou, então, apenas pode repousar no arbítrio de julgamento extrajurídico, em essência que o contraditório se resolve alegando que a outra pessoa é um demônio, um doente, um tolo ou um incapaz. Este mecanismo de desconsideração do cidadão em pessoa demoníaca ou inábil é a base do excludente jurídico a favor da verdade e sanidade - a meu ver duvidosa - dos argumentos objetivistas jurídicos. A desconsideração da pessoa é política antes de ser jurídica, quer dizer, é um ato de poder arbitrário que justifica uma posterior transitoriedade do fato social para um ato sentencial.

Isto não quer dizer que não existam argumentos e proposições falaciosas ou situações de inimputabilidade legítimas. Nestes casos, a subjetividade ético e contingencial não poderá ocorrer em erros ou prejudicar o processo jurídico ou comprometer o contraditório e a decisão do juiz ou juíza, exatamente como o objetivismo nestes casos não terá problemas fora do normal para conseguir resolver a lide ou o problema a que o Judiciário é chamado a solucionar. Mas a pensar pelo objetivismo avaliativo, no entanto, estamos sempre a precisar o discurso do poder para viabilizar sua própria racionalidade, ou seja, em última instância, o contexto e a plasticidade práticas-filosóficas humanas (práxis) se curvam à assimetria de que uma ordem superior e anterior deve justificar e legitimar as decisões que transformam fatos e fenômenos em situações de direito como atos jurídicos perfeitos (argumentação juspolítica muito pouco objetiva de fato), mesmo nos casos em que uma configuração *topoi* é real (aquela em que duas alegações e proposições são igualmente válidas e legítimas e que derivam do embate dialético, como em Aristóteles e resgatado por Viehweg).

A questão colocada pela racionalidade valorativa não objetivista deste trabalho é que a assimetria se funda no fato contingencial de que cada situação concentra em si mesma uma infinitude de determinações não passíveis de uma causalidade absoluta, que a racionalidade objetivista é vazia e obscurantista, muitas vezes autoritária (ainda que não necessariamente intencional), na medida em que depende de fato de causas e intenções objetivas dos agentes sociais e de quem profere resoluções. Uma proposição objetivista é vazia e obscurantista, independente de quem a profere e em que circunstâncias, porque a vida humana é a própria circunstância e o universal é a possibilidade de escolha, a seu modo, da conduta mais apropriada e correta mesmo diante das circunstâncias mais complexas e inverossímeis. Contudo, isto significa que a subjetividade encontra um limite em si mesmo: todos podem escolher a decência por autorregulação e livre-arbítrio. E claro que é possível "beneficiar pessoas com argumentos não-objetivos e não-prosaicos", ainda que, ou apesar de, eticamente desobedientes.

No corte axiológico deste livro, os autores estudados orientam para a "emancipação" como antagonismo político da "regulação". A regulação do Estado pós-moderno está para a continuação das ideologias cartesianas vigentes desde o século XVIII; o Direito é instrumento destas ideologias e está a sustentar esses poderes. Primeiro, o conceito de dever-ser jurídico está na perspectiva objetivista para o cumprimento inquestionável da lei, conforme a leitura dogmática de Kelsen, normatividade que deve ser obedecida. Carlos Cossio demonstrou que o dever-ser jurídico é apenas uma "flecha existencial", um ponto de partida em um "cone" de circunstâncias e fatores pré e pós-fato onde a prescrição normativa pode apenas auxiliar na tipificação do ato ilícito, se o for (*El Derecho En El Derecho Judicial;* 2002).

Em um tempo virtual que se estende do antes até o depois do fato, há que se entender o sentido da conduta humana, e suas contingências, daí decorre que cai por terra toda a pretensão de "coisificar" o social, o comportamento humano e o próprio jurídico. O medo em relação à insegurança jurídica, dogma de uma lógica positivista objetivista, é o despertar revolucionário do Ser que acredita no poder da intersubjetividade, como exemplo de ética e capacidade de se humanizar no relacionamento com o semelhante. Portanto, é a ética a serviço do Ser e do jurídico como instrumento desta emancipação e humanização. A "conduta compartilhada" - *à la* intersubjetividade de Hegel - é a emancipação em relação à regulação. Mas se tal conduta está na consciência e vontade de escolha existencial de cada Ser, o Direito se interioriza no Eu e por esse mecanismo ele deixa de ser um direito para se tornar um dever, por exemplo, o dever de aceitar os direitos dos outros tão iguais e válidos como os meus. A "nuvem" que a agenda normativa de leis proporciona deve ser entendida, então, como um conjunto finito de expectativas jurídicas e um conjunto infinito de escolhas e condutas possíveis. Dessa "nuvem" de possibilidades objetivas - jurídicas apenas no sentido que o ordenamento jurídico-estatal expõe uma série prescritiva de intenções e argumentos a favor da sua dominação - os sujeitos escolhem de acordo com os benefícios e desagrados em relação às consequências mais ou menos claras comportadas no entendimento da lei. Esta escolha é um "colapso quântico" de verdade: como na flecha existencial de Cossio, o cidadão, pelo menos nas sociedades livres, imagina *a priori* o momento relacional sujeito-norma.

O existencialismo, nomeadamente o de Jean-Paul Sartre, não é saudosista e tampouco romântico. É a constatação de premissas ético-existenciais a desvendar os níveis de consciência e as razões dos homens a abdicarem do peso de suas consciências e responsabilidades. Karl Marx já havia demonstrado que o pensamento se engendra a partir da existência concreta, e a produção concreta dessa existência é que determina esse pensar. Em termos existencialistas, a existência precede a essência. A grande questão é que essa existência ao longo do século XX, mais fortemente a partir da Segunda Grande Guerra, se reproduz de forma em que cada vez maiores contingentes de indivíduos estão sujeitados por práticas subliminares de consciência. Não são práticas reacionárias nem tampouco conservadoras: elas avançam na eliminação total do Ser volitivo. Alimentam o pauperismo do autoconhecimento e da consciência crítica, mediante a supressão do pensar, refletir, decidir. Seus instrumentos são os mecanismos de controle do mercado mundial e o controle dos modernos meios de comunicação de massa. O pior, convertendo as máquinas desejantes humanas em um sistema de controle logístico do tipo cibernético.

Aparentemente paradoxal, a emancipação está para o dever enquanto o Direito está para a regulação. Regula-se o direito, deixou de o ser, é obrigação. Dever e obrigação são opostos: o dever como opção do Ser é liberdade e desregulamentação. Em Hannah Arendt (*A Condição Humana;* 2004) o tema a demonstrar esta tese é a ocupação do espaço público. Esta ocupação pode ser por participação propositiva ou por omissão – esta um tipo de participação reativa –, característica indolente do homem pós-industrial. Sem ocupação desse espaço que é de direito, logicamente se abrem possibilidades para exercício de poder ilegítimo, ainda que legal. Logo, o autoritarismo desse poder usará doses maiores de violência até o ponto em que possa parecer normal a necessidade de mais e mais violência, até pela resposta omitida da sociedade, com exceção de alguns poucos que heroicamente estarão dispostos a enfrentarem o despotismo, e que por isso mesmo, também alimentarão a violência legal ou admitida, talvez em grandes doses despercebida. Eis que o sistema totalitário se instala e então nenhuma legalidade mais será necessária.

O oposto sugerido é então a participação prepositiva, aquela capaz de consolidar os direitos de cidadania e soberania, única possibilidade de bloquear a prepotência e truculência do Estado e de seus prepostos. Por isso, fundamental é operar a necessária transmutação de direitos em deveres: obviamente a participação prepositiva é agora um dever, mais do que um direito, um dever ser do homem político, como proposto pela filósofa Agnes Heller (*Além da Justiça*; 1998*)*. Ora, o homem pós-industrial aprendeu a clamar por todos os direitos e a exigi-los do Estado. Quanto mais este mecanismo de transferência para fora de si opera a fuga do dever ser, mais o Ser se aliena de si mesmo e mais e mais reforça a violência e arbítrio da "força de polícia" do Estado. Já não são mais direitos que são oferecidos ao cidadão, mas obrigações sem possibilidade de discussão, obediência inegociável. Fogem do dever, convencidos de que a felicidade e o bem-estar é tarefa do Estado e que não exige luta. Quando se dá conta da perda real de direitos e da brutalização humana que esta postura implica, é tarde: sobre os homens recai com todo o peso o arbítrio legal e demais instituições de controle social. Há um perigo real nesse tipo de "quietismo". Mas não no indivíduo participativo e ético.

O pensamento conservador do homem contemporâneo aponta para a indolência de forma tão gritante que até a liberdade aparece em suas consciências como um dever a ser outorgado pelo poder. Liberdade é um direito ontológico do homem e não um dever do Estado. Nos dias que correm, uma afirmação como esta pode parecer, para muitos, no mínimo estranha. Liberdade é um "direito de condição" – da condição humana – e não de "estado" – de natureza, por exemplo. Por isso não é de Estado, mesmo o mais legítimo, porque liberdade é inegociável, ou em termos jurídicos, não pode ser contratada.

Capítulo

# 1

# FILOSOFIA, CIÊNCIA E ÉTICA

Existe certa confusão entre o objeto da Filosofia e o objeto das Ciências que estudam a Natureza. Parte dessa confusão está relacionada com o caráter "subjetivo" da Filosofia e o caráter "objetivo" da Ciência. Por outro lado, à Filosofia se apresenta um problema epistemológico fundante de sua essência: ação e reflexão. Sobre todas as Ciências Humanas pode-se dizer que "reflexão sem ação é inócua e que ação sem reflexão é desastrosa". Nas Ciências da Natureza, as físicas, experimentais, objetivas, a reflexão procura regras, enunciados e modelos paradigmáticos, verdades fixas. A Filosofia não está preocupada com a fixidez, mas com a ruptura dos discursos dogmáticos.

O homem tem um projeto existencial bipolar digital (1-0). Concatena trabalho – materialmente necessário à produção de sua sobrevivência e reflexão sobre esse labor – reflexão consciente sobre essa produção de sua sobrevivência. Junto, dialeticamente, por oposições e negações (a cada problema resolvido, novo problema a resolver; a cada novo problema resolvido, novo nível de consciência, vale dizer, uma nova discussão filosófica e ética do Ser com a realidade e consigo mesmo), ao produzir materialmente os bens necessários à manutenção de sua vida, pensa sobre as formas como o faz, sobre seu relacionamento com o meio do qual se apropria para produzir – a natureza; provavelmente, pensa em seguida sobre as relações que estabelece com seus semelhantes nesse modo de produção, os outros homens; só depois, talvez, terá ânimo para pensar sobre si mesmo. Só faz sentido pensar sobre mim (o sentido da vida) quando já entendi de alguma forma o meu ambiente, sendo que nele existem os meus semelhantes. É neste sentido que se pode pensar na Filosofia como a ciência ora da "verdade" ora do "sentido".

A primeira necessidade (ainda) é suprir a existência material, mas concomitantemente o Outro aparece ao Ser como condição de: (1) produzir essa necessidade material de sobrevivência pelo trabalho cooperativo; e (2) produzir a consciência de mim mesmo a partir desse "espelho" de mim, ao mesmo tempo esse "limite" de mim, o Outro. Passa pelo Outro a possibilidade dessa construção da sobrevivência material e da construção do próprio Ser reflexivo, a um só tempo: a produção da existência humana é o resultado imaginativo dessa simbiose que cria a mim e ao Outro, como seres únicos, porém, referenciados na luta material pela sobrevivência, com valores e regras de convívio comunitário. Finalmente o homem se propõe a pensar sobre o Universo na tentativa de ultrapassar "cosmologicamente" os limites de sua existência terrena. Já de antemão, como produto desta relação com esta natureza terrena e este outro homem; daí todas as limitações do Ser entender além das condições concretas que o formam, isto é, de ter uma visão fenomenológica de si e cosmológica além de si.

No entanto, qualquer pretensa sequência só se dá quando inserida em um contexto filosófico, quer dizer, sobre a relação entre o pensamento e a vida como ela é, ou em outras palavras, sobre a direção que o Ser pensante dá à relação entre seu pensar e sua existência concreta. Qualquer sequência se insere numa determinada direção que, efetivamente, não pode ser cientificamente aceita como única, verdadeira, ou mesmo melhor; objetivamente, não há como "sublimar" a ideia de que o interesse em compreender, elaborar o saber (pensar) específico sobre mim, se apresente como preocupação posterior à compreensão (saber) sobre a natureza, mesmo que seja irrefutável a necessidade material de compreender essa natureza para poder dominá-la (e explorá-la) como forma primeira de manter-se.

À direção que parte da relação com o meio para a problematização do homem, dá-se o nome de Materialismo, porque tem origem nos homens, como eles fazem para produzir os bens necessários à sua existência. À direção contrária dá-se o nome de Idealismo: aqui se parte do homem pensante para se chegar ao homem produtivo e às formas como produz sua vida concretamente. Portanto, o Idealismo tem, no início e em essência, uma pretensão de apregoar um homem já preocupado com sua existência cosmológica e universal. Se pensarmos estas duas atitudes como concomitantes, inexoráveis e ontológicas ao homem, temos uma terceira alternativa: a Dialética. De certa forma, toda a história da Filosofia e das ciências humanas em geral, transita entre estas três formas de pensar o saber: Materialismo, Idealismo e Dialética. Uma ética profícua deve ser metodologicamente dialética.

A Filosofia é a ciência do conhecimento que busca a verdade e o sentido das coisas, dos fenômenos, dos seres e dos homens. Seu objeto de estudo é o saber, o questionar, indagar e criticar o próprio conhecimento, as verdades e os sentidos. Para a Filosofia interessa estudar as origens e a formação do pensamento humano, ou a forma determinada histórica como os homens produzem o conhecimento sobre a natureza, sobre os outros homens, o Eu e o Universo, suas origens, formações e relações entre estas unidades. Seja qual for a direção e qual for o privilégio que se der a uma destas unidades, o fato filosófico e científico mais irrefutável é que o saber humano e o seu questionamento permanente se dá pela mente reflexiva, matéria pouco ou nada concreta e objetiva porque sua própria essência é a derivação de pressupostos e o questionamento dos resultados, isto é, a permanente renovação do conhecimento a partir dele mesmo, e, neste sentido, subjetiva por sua natureza.[1] A Filosofia tem uma responsabilidade, a de dialogar criticamente com os modelos discursivos e explicativos perenes e anteriores.

Já a Ciência procura o modelo e a explicação objetiva. Por isso estabelece paradigmas à custa da comprovação a mais empírica possível, dando-se à refutação a premissa de sua veracidade, mas pretendendo ser a verdade, pelo menos até que a experimentação e experiência posteriores não construam outra verdade. *A ciência busca*

1. Filosoficamente, uma das dimensões do Ser é a absoluta capacidade de abstrair a realidade e criar e recriar ao nível da mente o que seja o fato extracorpóreo e o fato de si mesmo, ou em outras palavras, a imaginação imagina o real e a si mesmo como Ser, criando o *Ser-Para-Si*. (Por exemplo, Sartre em *Verdade e Existência*, 1990; Castoriadis em *A Instituição Imaginária da Sociedade*, 1982).

*a verdade. E assim é objetiva. A Filosofia procura a verdade por detrás da verdade, ou seja, as origens mentais daquela verdade, como ela foi construída, quais seus limites e quais as possibilidades de modificar essa forma de dizer o que é a verdade, ou como ela poderia ser produzida a partir de uma abordagem diferenciada do conhecimento para se chegar a outro conhecimento.* Um caleidoscópio incessante e inexorável de possibilidades para produzir o saber a partir de abordagens diversas desse saber, em sua formação histórica e social, no grupo, pelo grupo e no devir. Por isto o pensar e o saber são subjetivos.

No entanto, Ciência e Filosofia têm algo em comum: por mais que a Filosofia esteja comprometida inicialmente com uma gnosiologia iconoclasta, por mais que a Ciência esteja comprometida com o empirismo, de forma subjetiva ou objetiva, o que a mente humana quer saber é a verdade e o sentido dessa verdade. Mais propriamente a procura incessante pelo conhecimento se dá na luta contra a "crença"; a reflexão é o ato criador no limite do paradigma.[2]

Ora, a verdade encontra barreiras nas cercanias de nossas limitações como seres pensantes.[3] De uma forma ou de outra e enquanto for produzida a partir da mente humana, a grande indagação é se a compreensão humana será capaz e pode almejar um saber verdadeiro e derradeiro do universo de fenômenos que nos cerca, terrenos e extraterrenos. Para se ter alguma opinião sobre esta questão sempre nos deparamos com várias e difíceis outras questões, entre elas: o Universo foi feito para ser entendido pela mente humana, ou a mente humana é que faz e refaz o Universo? Eu sou realmente dono do meu destino ou sigo inconscientemente o caminho traçado, mesmo quando para mim as ações de meu viver se apresentam de forma planejada? Posso

2. "Isso já sugere o que o nosso exame da rejeição de um paradigma revelará de uma maneira mais clara e completa: uma teoria científica, após ter atingido o status de paradigma, somente é considerada inválida quando existe uma alternativa disponível para substituí-la". Thomas Kuhn (1922-1996), *A Estrutura das Revoluções Científicas*, p. 108; ou "O conhecimento, (...) começa quando se engaja um processo de interrogação e de pesquisa que coloca em questão as crenças da tribo, criando uma brecha no nicho metafísico que a comunidade constitui para si. Esta brecha decerto se apoia, necessariamente, na crença (...)". Cornelius Castoriadis (1922-1997), *Feito e a ser Feito – As Encruzilhadas do Labirinto V*, 1999, p. 140.

3. Em oposição ao *cogito* de Descartes onde a ciência pode metodologicamente chegar à verdade absoluta sobre as coisas, Kant afirmava que a verdade absoluta e universal era incognoscível, pois o conhecimento não é a realidade, mas a reflexão sobre ela.

mudar os caminhos? Posso mudar os destinos? Escolher e mudar são a mesma coisa? A existência humana somos Nós ou existe realmente um Eu? Tudo é um sistema? A verdade universal é possível? Existe acaso? Existe a verdade? Ela está além do ser humano? Ela está além do Universo? O que é Deus? Afinal qual o sentido da existência?

Sem dúvida que, apesar de todas as limitações humanas e além delas, podemos e temos mesmo a obrigação de fazer estas perguntas – quanto mais não seja porque somos dotados de capacidade para fazê-las – e renegar indolentemente essas questões talvez seja a pior das faltas que poderíamos cometer, pois seja qual for a origem dessa capacidade, não usá-la seria negar-se como Ser e... negar talvez até a nossa origem! Assim, o que a Filosofia faz, como sempre o fez e sempre o fará, é manter a chama viva que estabelece irremediável e grandiosamente a epopeia da razão humana.

**PARADIGMA 1:** Quando sentamos em uma cadeira não afundamos em seu assento. Você sabe por quê? Pode ser que você saiba, mas garanto que a maioria das pessoas não sabe responder. No entanto, todos nós sentamos na cadeira sem afundarmos nela e sem cair. Isto acontece porque os átomos de nosso corpo coincidem – se chocam – em sua maioria com os átomos do assento da cadeira. O que concluímos? Duas coisas: 1. Não precisamos saber sempre, a todo o momento, as respostas científicas para as leis que regulam nossos atos e nossa vida; 2. Que somos capazes, por termos nosso cérebro trabalhando em silêncio por nós, de viver sem saber a verdade, sem consciência de todos os nossos atos e valores, sejam eles do tipo prático ou moral. Muitas vezes, o que chamamos de "senso comum" é suficiente para vivermos.

**PROBLEMA:** Considere o seguinte experimento: fechamos dentro de uma caixa ampla um gato com um prato de leite com veneno. Pergunta-se: depois de um certo tempo, digamos 30 minutos, qual a probabilidade do gato estar vivo? Pense e responda em termos de %. Com este exercício espero que você perceba as limitações do pensamento científico para dar conta de todas as situações e fatos. A resposta a este exercício deve fazer você pensar sobre o papel e importância da Filosofia.

**EXERCÍCIO:** Imagine que a Terra parasse de girar por 30 segundos, consequentemente a gravidade que nos "prende" ao globo e que nos puxa para "baixo", deixaria de existir. Tudo, inclusive nós, humanos, flutuaríamos no espaço. Reflita especulativamente, considerando as consequências desta situação para a Ciência, Filosofia e Moral, e coloque suas impressões em uma folha com trinta linhas sem parágrafo.

**LER:** O conto "Teoria do Medalhão" de Machado de Assis.

**VER:** Filme "O Óleo de Lorenzo" (1992) do diretor George Miller.

## 1.1. UNIVERSALISMO, RELATIVISMO E CONTRATUALISMO

O saber não é uma opção dos homens, é a sua sina e seu êxtase. Êxtase, claro, desde que o agir seja determinado pelo bem, pelo bem-comum. De tal forma, pode-se afirmar que a formação psíquica do conhecimento é fundamentada em um sistema de ética, ou se se quiser, a partir de valores tão primários que fornecem ao Ser um substrato primordial a partir do qual é possível estabelecer uma orientação de comportamentos e condutas com noção de 'certo' e 'errado', 'bem' e 'mal' etc. *A Moral é esse conjunto de valores. A ética são os comportamentos orientados pela Moral. Mas, esses comportamentos éticos também como que realimentam, reforçando ou enfraquecendo a Moral e suas máximas.*

O conhecimento remete, pois, de um lado, ao estudo dessas máximas, desses "tabus" supravalorativos, que permanecem essencialmente orientadores do Ser e da convivência; mas, por outro lado, a reflexão abre a possibilidade de tais "tabus" serem rediscutidos nas brechas que se formam no espírito humano a partir de sua existência concreta. Este sistema de valores, universalista, com suas máximas, muda no espaço e no tempo e obriga o Ser a refletir sobre elas a cada fato social, todavia de forma que as condutas não ultrapassem os limites de certa noção de comportamento desejável e decente. Esses limites, muitas vezes inadmissíveis e questionáveis, derivam, contudo, do simples fato de que este pensar, este conhecimento, esta reflexão, esta filosofia é sempre social, pressupõe sempre fundamentalmente o semelhante, o Outro, o espelho que é o Outro.

Infelizmente, a "tranquilidade" é ansiosamente esperada pelos homens. A mentalidade do homem contemporâneo, pós-industrial, se dirige para uma noção de vida, *relativista*, e de regulação jurídica que tende a suprimir a condição humana. E, fantasmagoricamente, entre o mito e a alienação outorgada, esse homem acredita ser de "Direito" aquilo que lhe é de "direito": prefere se submeter a ter que assumir as responsabilidades que de direito lhe são ontológicas. Assumir essas responsabilidades é transformar os direitos fundamentais em deveres inerentes; e ao mesmo tempo, destarte o peso da responsabilidade, é a condição eidética de ser humano. Eis que ao fugir do "dever do Ser", foge inconteste de si mesmo: o Ser se brutaliza. Os "insensíveis" assim o desejam e para isso lutam diuturnamente, sob as benesses do Estado de controle. A condição da existência do poder é a capacidade de reinventar o sujeito, sujeitá-lo, deixá-lo sem autonomia e sem liberdade. E o sistema jurídico acompanha essa transmutação: mostra-se muito a serviço dessa sujeição do homem, impondo muitas vezes uma legalidade que não visa à liberdade e à educação para a escolha, o que invalida a opção pela ética.

Deve-se perguntar: conhecimento e saber, tecnologia e ciência, feito por quem e para quem? A própria epistemologia tradicional das ciências, inclusive as ciências sociais, precisa urgentemente ser revista para que os próprios produtores do conhecimento possam reformular as estratégias de produção do saber e as formas como esse conhecimento é passado adiante de forma concreta. Produzir conhecimento também é uma questão ética. Uma Hermenêutica pós-moderna[4] na produção do saber tecnocientífico é tão vital hoje para a possibilidade de uma vida livre e verdadeiramente democrática, quanto vital é a aplicação dessa hermenêutica do conhecimento quando aplicada às atividades cotidianas da administração e funcionamento das organizações sociais públicas e privadas. Nesta hermenêutica o resgate de valores morais é vital para que em nome da eficiência e desenvolvimento econômico não se mascare a mentira e o oportunismo, um relativismo interpretativo mais ou menos absoluto a sujeitar a todos sobre a aparência ideológica do mais racionalmente desenvolvido.

Também no Direito, essa hermenêutica deve ser capaz de resgatar a essência dos valores éticos como forma de cumprir seu papel de justiça. Máximas morais existem para orientar comportamentos humanos enquanto coletividade. Circunstâncias e contextos empurram

---

4. Como em Boaventura de Sousa Santos (1940), *Introdução a uma Ciência Pós-moderna*, 1989. Hermenêutica é a ciência que se dedica à interpretação do sentido das coisas e das palavras.

os homens a comportamentos não desejáveis e antiéticos. Valores morais mudam de nação para nação, de povo para povo, estão embebidos por fatores culturais históricos, religiosos ou determinados pelas possibilidades naturais da reprodução da sobrevivência (geopolíticos, riquezas naturais). Os valores mudam e os comportamentos se relativizam, mas a qualquer tempo, ainda existirá uma concepção do que seja o certo e o errado, o desejável e o indesejável para o conjunto de seres submetidos à vida coletiva. O Direito precisa interpretar esse dinamismo e ao mesmo tempo esse senso-comum mais abrangente.

Sócrates (469-399 a.C.) iniciava, há mais de 2500 anos, a luta que refutava nos Sofistas a capacidade de relativizar os valores morais e as leis, na medida em que, ainda que se aceite que cada lugar cria e recria permanentemente seus regulamentos, e o faz de acordo com suas experiências históricas e ambientais mais abrangentes, ainda assim a lei deve perseguir ideais que precisam estar acima do relativismo genérico. Certos comportamentos, como o assassinato, o estupro, o roubo, a tortura, a violência contra genitores, a ofensa, calúnia e difamação gratuitas, entre outros, sempre foram rejeitados pelas sociedades humanas como atitudes amorais. Talvez estes exemplos tivessem escapado a Protágoras (490-415 a.C.), o mais célebre filósofo da Antiguidade. Neste sentido, Sócrates acreditou ser possível alcançar a verdade, desde que para isso os homens jogassem o jogo do debate intelectual, que se dedicassem à dialética sem ressentimentos, que pela oposição de teses e antíteses se produziria uma síntese com *status* de verdade. Portanto, contrapondo-se à retórica superficial dos sofistas, era necessário aceitar a existência de algo mais concreto dentro dos discursos; esse algo leva à construção de uma ética dos comportamentos - "Todo o bem tem um sentido", dizia. Curioso que Sócrates, apesar desse esforço pela verdade, pela ética e em defesa da lei, defendia ainda uma justiça no além, quando os deuses haveriam de julgar o espírito dos homens, ao mesmo tempo em que afirmava que "Só sei que nada sei".

Os grupos humanos, quando optam pela convivência como estratégia de vida, não o fazem por altruísmo ou dever com o Outro, mas pelo simples fato de precisarem se solidarizar uns com os outros como estratégia de sobrevivência e melhoria de sua existência. Mas ainda que se considere o fato de que não o façam solidariamente, não muda a necessária construção de um conjunto de valores e máximas morais comuns a todos, nem tampouco as noções mais primordiais de justiça, equidistância, responsabilidade, limites aos direitos de uns e outros. Máximas como "Não fazer ao outro o que não gostaria que fizessem comigo" ou "A liberdade de um termina quando começa a liberdade do outro", não são orientações religiosas ou políticas, nem são mandamentos jurídicos, mas constatações morais provenientes da necessária convivência com o próximo. De todas as formas elas são úteis, e tomam de imediato a forma de valores.

A Modernidade valoriza a Ciência experimental, objetiva e instrumental. Tal valorização se afirma a partir da revolução científica, do desenvolvimento do conhecimento e da industrialização produtiva. Pelo menos desde o século XVII a vida está alicerçada e envolvida em conquistas materiais usando o conhecimento como instrumento, o que determinou para os homens uma perspectiva e compreensão da existência e de si mesmo quase que absolutamente tecnocientífica e tecnocrata. De um lado as ciências aplicadas a partir da experimentação laboratorial, de outro a racionalização em grandes sistemas de gestão e produção. Neste contexto, no industrialismo e no consumismo, nenhum conhecimento ou ciência pode, a não ser por "enorme esforço", reivindicar um universalismo onde prevaleçam máximas morais, o comportamento ético, a valorização do bem-comum, a construção da cidadania pela responsabilidade da vida coletiva. A Ciência procura a verdade, mas ela lhe foge sempre por entre os dedos, adquire o *status* de validade enquanto dura, mas logo se "desmancha no ar". Quanto mais a Ciência avança, mais a verdade é relativa.

O Direito, como exemplo, não foge à regra e nos últimos duzentos anos as premissas valorativas e essencialmente a dinâmica processual, se converteram em práticas de resultado. Essas medições de eficácia matemática estão condizentes com as características tecnocratas e administrativas das grandes corporações, mas perdem em eficiência quanto ao julgar com equidade e justiça, porquanto inibe a livre composição do contraditório e a autonomia decisória.

Por seu turno, a Filosofia, destarte a voz dissonante de alguns, acabou também por se instrumentalizar de princípios que pouco ou nada remetem ao fundamental nela, o caráter crítico da existência humana. Durante séculos a Filosofia procurou a verdade: na Antiguidade, na Idade Média, no Renascimento, até que nos demos conta que possivelmente a verdade não é passível de ser alcançada pela razão humana. Então, em meados do século XVII mudou-se o foco, e a Filosofia, desde o Iluminismo, procura se exercitar sobre o sentido da existência, principalmente o sentido da vida para o homem. Esta mudança epistemológica tem consequências desastrosas para a motivação crítica da Filosofia.

Quando uma ciência procura a verdade ela, necessariamente, precisa ser crítica, pois a busca da certeza sobre as coisas e os fenômenos só é logicamente alcançável através da ruptura do paradigma anterior, pelo questionamento, pela refutação e proposição de nova verdade. Contudo, quando uma ciência se propõe, não a indagar sobre as "causas", mas tão somente sobre o "destino", a ansiedade criativa se esvai porquanto o objetivo deixa de ser a intervenção sobre a realidade para ser muito mais a busca da tranquilidade existencial. Neste caso a verve revolucionária tende a dar lugar à apatia conservadora. Da apatia nascem o niilismo ascético, a passividade revolucionária e a frustação psíquica.

A partir do século XVII a humanidade conquista finalmente a primazia do conhecimento sobre as leis da natureza e propõe-se a viver com base na manipulação técnica da ciência aplicada à produção. Seria de esperar que a produção do conhecimento permanecesse crítica, pois o mundo da ciência obriga o conhecimento à dimensão das causas e efeitos e à produção de novas formas de viver material e espiritual. Mas não foi o que aconteceu. *A Filosofia passou a buscar o sentido e não a verdade, provocando um corte importante em sua postura e metodologia, a saber, que esta passou a perguntar qual o sentido das coisas, abandonando o diálogo mais crítico com as "verdades" dos conhecimentos ditos científicos.* Então as ciências naturais, chamadas de exatas, podem ater-se ao seu mecanicismo sem obstáculos críticos e éticos por parte de outros conhecimentos. Aquele papel agnóstico e iconoclasta da Filosofia está fortemente anestesiado pela extrema dificuldade em explicar o sentido das coisas, dos fenômenos e da vida, abandonando o questionamento sobre as causas e determinações. Causas e determinações não existem apenas no mundo físico, mas a partir do Iluminismo, o industrialismo e consumismo conseguem separar as responsabilidades sobre a produção do conhecimento humano, de forma que se possa, sem grandes enfrentamentos e contestações, produzir o mundo das coisas, dos materiais e das mercadorias. Existe aqui uma negociação, um contrato entre a Filosofia e a Ciência, como que cada qual em seu espaço fechado sobre suas próprias premissas, um *contratualismo* que de fato se enquadra bem no pensamento pós-moderno.

Ludwig Wittgenstein (1889-1951) opôs Relativismo a Racionalismo, aprofundando e antecipando as teses sobre os "processos comunicativos" inerentes à realidade das sociedades da informação pós-industriais, as que se desenvolveram após a Segunda Grande Guerra. Ele via no Relativismo a necessidade de negociação ou acordo entre as partes. Em oposição, o Racionalismo caracteriza-se em termos de regras próprias e fixas na busca da verdade, o que, obviamente, faz parte do paradigma científico da Modernidade. Daí que os homens estão mais perto do conflito do que da paz, posto que o que impera entre nós, modernos e pós-modernos, é a frieza da verdade científica, regra fixa por princípio, em detrimento da capacidade de diálogo e acordo, o que pressupõe várias verdades tão incontestes e possíveis umas como as outras. Na verdade, em termos políticos e jurídicos o que sobressai aqui é a procura pela hegemonia do saber, da verdade, do domínio, através da primazia da racionalidade, sobre o outro, por parte de uma pessoa ou Estado. É isto que Wittgenstein estava analisando.

Sem dúvida que uma das grandes dificuldades encontradas pela Filosofia ocidental nos últimos trezentos anos, que tem ligação forte com a apatia com que ela se mostra interessada hoje, é o fato de ter sido oportunamente impregnada pelo extremo racionalismo. Mas é preciso fazer uma distinção: existe uma "razão instrumental" em detrimento da "razão especulativa". Aquele racionalismo de que nos fala Wittgenstein não é um ente único, devendo ser dividido em Racionalismo Instrumental e Racionalismo Especulativo. O que o autor austríaco ressalta como típico da Modernidade é, claramente, o Instrumental. E esse está, certamente, na base dos males e da condição antiética e beligerante atuais.

Mas a Filosofia pode, ao contrário da ciência instrumental, usar a razão do tipo especulativa, voltando às suas antigas origens e tradições. Pela razão especulativa chega-se possivelmente a várias verdades – *Topoi*, como Aristóteles (384-322 a.C.) as chamou – e, consequentemente, ao resultado de verdades relativas, o que inventa a predisposição de ouvir o Outro e obriga ao esforço de produzir a harmonia pela dialética – oposição de tese e antítese. E aqui se estaria diante então do relativismo comunicativo e negociativo, contratual, que Wittgenstein propunha no lugar das verdades absolutas.

*A Filosofia usando a racionalidade especulativa pode e deve fazer a crítica às verdades únicas, ou mais propriamente, às verdades instrumentais tecnocientíficas. Mas, em nome disso, não pode abandonar a razão especulativa com pena de sucumbir ao relativismo que se alimenta da complexidade do sentido das coisas.* Nisto, então, ela se opõe à Ciência dogmática, não no fato de abandonar a procura da "verdade", desde que não seja a "verdade única". Provavelmente a próxima revolução filosófica está fadada a unir sentido e verdade, da mesma forma que há a necessidade de unir liberdade e legalidade (ou, poder-se-ia dizer, liberdade e igualdade). No mundo atual "a legalidade priva, muitas vezes, a liberdade" (Roudinesco).[5] Entre outras razões, porque a legalidade está para a verdade da razão instrumental enquanto a liberdade, para o sentido das verdades especulativas.

A ética baseia-se em valores morais que, se de um lado são relativamente perenes, por outro se modificam conforme os costumes e as determinações históricas da vida de um povo. As máximas morais andam, contudo, mais lentamente que as nuances práticas da ética em cada situação concreta. De tal forma, a ética parece ser sempre mais relativa que a moral. E o é. Mas esse relativismo ainda precisa de um certo racionalismo, não o racionalismo instrumental, mas a razão capaz de criticar a moral não apenas do ponto de vista das necessidades econômicas e produtivas e avanços tecnológicos, mas do ponto de vista da decência, respeito e dignidade humanas. O Racionalismo não pode prescindir destes valores, e se o do tipo instrumental exige mais fortemente o Relativismo de tudo, não é por

---

5. Elisabeth Roudinesco (1944), filósofa francesa contemporânea, autora de livros como *A família em Desordem*, *A Parte Obscura de Nós Mesmos* e *Retorno à Questão Judaica*.

preocupações antidogmáticas, mas principalmente porque o capital é o motivador da vida.

O dilema do Direito é o dilema da Filosofia de hoje: até que ponto a ética pode ser relativa? O problema da ética que se coloca para o Direito é que a verdade é relativa, ou seja, que a verdade em um caso não é a verdade para outro, que o ético para um indivíduo pode ser o antiético para outro, e que a variabilidade é natural diante de situações e contextos diversos. Não podendo a Filosofia do Direito negar tais premissas, contudo, ao procurar o sentido dos fatos jurídicos em verdades possíveis e contraditórias, a razão especulativa não pode relativizar *ad infinitum* a lide e a razão de justiça e equidade. Nem tampouco ater-se ao dogmatismo autoritário das verdades únicas. *Em outras palavras, a possibilidade de uma filosofia crítica do processo jurídico leva a verdades e sentidos éticos diversos, mas não pode cair na armadilha de relativizar infinitamente a decisão justa, porque, em última instância, essa apologia da negociação e do acordo na lide tende a beneficiar o poder em detrimento do justo ético coletivo.*

Capítulo

# 2

# ÉTICA E ESTÉTICA NO DIREITO

Nossos sentidos nos enganam facilmente e facilmente nos levam a trocar a aparência pela essência, da mesma forma como inadvertidamente estamos mais satisfeitos com a aparente liberdade das coisas relativas do que a fixação de valores por trás da responsabilidade e comprometimento. Nesta categoria de acontecimentos estão nossos sentidos estéticos.

Uma coisa pode ser do ponto de vista estético, para os sentidos humanos, bela, bonita, sem, contudo, possuir ética. Uma coisa pode ser ética, de acordo com os valores morais de um grupo social, em determinado momento, e não ser bonito agredindo o senso de beleza. Isto pode variar de pessoa para pessoa, de grupo social para grupo social e de época para época. Na verdade, tanto o sentido do que é belo como o sentido do que é certo, são construções psíquico-sociais determinadas historicamente (Heidegger, *A Origem da Obra de Arte*, 1977). Assim, também, o que foi considerado correto ontem pode não o ser hoje, e o que é correto hoje com toda a certeza se modificará amanhã; o que foi esteticamente bonito ontem não corresponde ao sentido estético hoje e, da mesma forma, não será sentido como bonito no futuro. Isto serve de forma geral para todas as coisas sobre as quais os seres humanos refletem a respeito, sejam as coisas da natureza sejam as coisas construídas pelos homens ou as suas próprias convenções.

No entanto, para os seres humanos existe uma ligação forte entre a estética e a ética, ou entre o que é considerado bonito e o que é considerado certo. Dificilmente uma coisa, um fenômeno ou um acontecimento, é considerado bonito se não for de acordo com os valores morais do homem que se põe a refletir, a estudar e analisar. Se for de acordo com a moral do momento haverá ética, e havendo ética a compreensão humana tenderá sempre a achar bonito, no mínimo a "suportar" o feio. É o que se passa com os atos, os fatos, as condutas e os acontecimentos humanos. Inversamente, um comportamento antiético dificilmente será considerado para os indivíduos sociais como belo. Não que não seja possível supor que algo hediondo possa conter beleza plástica a ponto de se dizer "Foi horrível, mas foi bonito". Isto sempre parece um paradoxo, um contrassenso, e mesmo que alguém ou uns poucos tentem defender tal posição, rapidamente o grupo comandará os discursos, os saberes, a ciência e as verdades contra este tipo de identificação, do belo com o antiético.

Sem querer repetir as mesmas formas discursivas e as verdades de outrora, existe um perigo iminente e imediato quando, em alguns casos e circunstâncias, o espírito humano se deixa levar pelo que os sentidos lhe dizem ser belo e, em nome dessa beleza, se dispõe a cometer atos inadmissíveis, não apenas do ponto de vista moral, mas concretamente danosos para pessoas ou mesmo para a humanidade. Dificilmente, enquanto sentido estético, a "suástica" nazista, ou a "foice e o martelo" comunistas, podem ser considerados símbolos feios. Mas eles representam, na prática, o genocídio de milhões e milhões de pessoas e condutas humanas que os mais pessimistas pensadores e filósofos de todas as épocas ousaram antever. O mesmo pode acontecer com uma música erudita, uma pintura, um filme, uma peça de teatro, uma escultura, um livro, um dispositivo bélico ou um processo de comunicação contemporâneo. *Quando pensamos nesta relação entre a adoração do belo e a sua utilização hedionda* – muitas vezes a conduzir as massas a acontecimentos e comportamentos históricos absolutamente repulsivos, sem qualquer qualificação de sentimentos corretos para com o outrem, só porque ele não é parte do nosso grupo e porque pode servir a dispositivos megalomaníacos de poder –, *quando olhamos a história e a capacidade humana de perverter o caráter, mitificando a irracionalidade com a beleza muitas vezes fantasiosa, nos damos conta, infelizmente, que estamos sempre mais perto do sentido estético do que do sentido ético.*

Ora, o Direito é uma construção humana necessária. Todos os filósofos que se debruçaram sobre o fenômeno jurídico, viram nele uma ciência a serviço da convivência social humana, o que implica de uma forma ou de outra – como divina, como natural, como convenção, como utilidade ou como contrato –, a observância de condutas compartilhadas que não violem a liberdade de outrem. A questão da justiça ou injustiça está, por assim dizer, diretamente ligada ao sentido de liberdade que encontra limites no meu e no teu. Esses limites são, pois, o conjunto de valores, ou Moral, que se impõe aos homens relacionados socialmente.

Para discutir-se uma estética para o Direito, faz-se mister, neste contexto, estabelecer um diálogo pertinente com a ética da conduta humana. No caso do Direito, instituição imprescindível ao convívio social, deve-se esperar que exista uma completa complementaridade entre o sentido de belo e de correto, pois é inimaginável que pudessem os homens desenvolver um conceito de justiça que prescindisse da ética, o que define, pelo menos no caso da estética do Direito, que o sentido de beleza é indissociável da noção de 'certo' e do que é o 'bem'.

Infelizmente, pode-se dizer, nem sempre o ordenamento jurídico e a processualística evitam a injustiça, ou por falta de eficácia jurídica, ou por falta de eficiência processual, ou por falta de ética nas condutas humanas que envolvem o julgar e punir com equidistância. É por esse motivo que a ética é tão importante para a estética e eficácia jurídicas, mormente quando o Direito se inclina, por algum daqueles motivos, a cometer um ato injusto, o que é uma situação inglória de repercussões sociais gigantescas. *É que o Direito é sempre o espelho da sociedade, para o bem ou para o mal. Muitas vezes, principalmente na complexidade tecnocrata da vida moderna, será necessário dizer "Não" à estética jurídica que grassa em nossa época, com pena de fazermos a "beleza" triunfar superficial e danosamente sobre a Moral e a conduta mais ética. Talvez estejamos vivendo uma época em que exercer o questionamento seja uma forma de ser ético.*

"A Ética é a teoria ou ciência do comportamento moral dos homens em sociedade", diz Adolfo Sánchez Vázquez (*Ética*, 1999: 23). A ética, neste sentido, não cria valores morais em uma determinada comunidade. A ética depara com uma experiência valorativa, histórico-social, construída a partir do momento em que o humano se "emancipou" da sua relação aderente com a natureza. Já em grupo, socialmente estabelecido algum tipo de regra de conduta ou relacionamento social, a moral dirá o que passa a ser aceitável e desejável nesse meio. A moral, assim posto, é anterior à ética, e esta, como um ramo da Filosofia – Deontologia – se propõe a estudar e compreender a sua causalidade, mesmo contextual e histórica, e suas consequências normativas – as noções de certo e errado, bom e ruim, do bem e do mal. Um comportamento moral é aquele que se submete a estas noções desejáveis e esperadas. Um comportamento amoral é o que se opõe a tal. Por outro lado, um comportamento ético é aquele cuja explicação teórica se subordina às preditas noções morais, da mesma forma que um comportamento não ético será rechaçado por sua incapacidade teórica e axiológica de se explicar de acordo com aquelas noções morais.

As noções morais historicamente determinadas na exaustiva luta pela sobrevivência humana, de acordo com todas as condições de produção dessas condições de vida – de acordo com o ambiente e com os "outros" –, são constituídas, por assim dizer, por máximas, imperativos, categorias paradigmáticas que se recusam a modificar facilmente no tempo. Nem poderia ser diferente: estas máximas são os valores definidores da capacidade da tolerância para o necessário convívio social e sobrevivência inexorável de todos. No entanto, não significa isto que são eternas: infinitas enquanto valores "categóricos", mutantes enquanto construções reflexivas humanas.

Máximas morais mudam, para melhor e para pior, dependendo do ponto de vista, e dificilmente todos em uma sociedade de avançada complexidade concordarão com o que seja o "ideal" moral e a explicação teórica do comportamento ético que lhe segue, não em todos os casos e em todos os contextos. Quanto mais "elásticas" as possibilidades de limites comportamentais uma sociedade institui para si, pela maioria expressiva pelo menos – pois sempre haverá minorias a questionarem o estabelecimento teórico-ético da maioria, em uma sociedade democrática –, mais a questão da relatividade de valores se apresenta à ética como ciência. É comum nas sociedades contemporâneas industriais avançadas colocar-se a questão de que "Aquilo que é certo para alguém pode não ser para outro",

"O que é errado em uma situação pode não ser em outra" etc. Ora, esta discussão só pode ser aceitável no plano da possibilidade quase infinita, devido à complexidade mesma dessas sociedades, das explicações subjacentes pertinentes ao mundo da ética, mas deve experimentar seus limites na condição moral hegemônica daquela época, naquela sociedade.

Uma definição elucidativa de como a moral pode e precisa – sua sina e esplendor – ser uma máxima não precisa necessariamente remeter a valores espirituais e à transcendência do Um Superior, mas tão somente se contentar com uma definição assim: "Moral é tudo aquilo (ato, comportamento, fato, acontecimento) que realiza o homem, que o enraíza em si mesmo e, por ele e para ele, ganha sentido humano" (Otaviano Pereira, *O que é Moral*, 1998: 11). Uma definição como esta comporta suficiente filosofia e responsabilidade ética.

**PARADIGMA 2:** Normalmente nós valorizamos o esforço, a coragem e o altruísmo ou dedicação aos outros como valores morais corretos e que representam o bem. Quando alguém ou alguns se encontram diante de situações difíceis, quem se apresenta voluntariamente para ajudar, mesmo que não discuta abertamente suas opiniões e suas intenções, tem grandes chances de ser elevado a herói pela maioria. Ou seja, é bastante comum que as pessoas estejam dispostas a abrirem mão de reflexões e opiniões comprometedoras, em nome da venda de facilidades em suas vidas. Mas pode ser que por trás da "beleza" do voluntarismo de alguém se escondam interesses escusos ou ações antiéticas e desumanas.

**PROBLEMA:** Imagine uma pessoa caolha, com a cara marcada por cicatrizes profundas, corcunda, extremamente magra, com os dentes apodrecidos e muito pobre. Se esta pessoa se atirasse debaixo de um carro para nos salvar de um atropelamento iminente, ela passaria a ser aos nossos olhos uma pessoa bonita? Espero que você perceba que é mais fácil dizer que algo é bonito, quando é aceito por muitos como útil, mesmo que o conteúdo seja antiético, do que ver beleza em algo absolutamente ético quando o benefício é apenas direcionado a uma pessoa e de forma passageira. Assim, da mesma forma que esquecemos o bem facilmente diante da feiúra, valorizamos facilmente o mal diante da beleza.

**EXERCÍCIO 2:** Todos sabemos que a Escravidão já foi uma prática aceita como "natural e necessária" em determinado período da História do Brasil. Tente explicar como uma prática absolutamente condenável e antiética não feriu o conceito de beleza e de bem por quase trezentos anos no Brasil.

**LER:** O conto "A Caolha" de Júlia Lopes de Almeida.

**VER:** Filme "Amistad" (1997) do diretor Steven Spielberg.

## 2.1. A PRODUÇÃO SOCIAL DO DIREITO

A estética é para o Ser a manifestação no mundo real da ética. Assim também se passa com o Direito: uma estética do Direito deve corresponder a uma ética no Direito. Por outro lado, ambas são manifestações de uma força vital do Ser autônomo: reflexão e decisão.

Os fundamentos do Direito são: costumes, lei, doutrina e jurisprudência. Estes fatores são determinantes da decisão sentencial; mas não é o Direito. Entre aqueles e este está o Ser, isto é, está a reflexão e a decisão. Assim, para além do dogmatismo normativo, da jurisprudência oficial, da ortodoxia e do poder, o Direito é a interpretação que leva à deliberação. Em certo sentido, o juiz refaz a doutrina.

A razão do Direito é isto: interpretar e deliberar. Se quisermos entender a ética do Direito precisamos olhar para o processo e o caso julgado com as "cores" da estética jurídica. Não é apenas uma relação entre quantidade de leis e o tipo de solidariedade – um tipo de solidariedade orgânica, moderna e capitalista, provoca uma autonomia maior dos indivíduos e sua relativa importância no processo produtivo devido à crescente especialização, daí decorrendo um número maior de leis. A relação fundamental para o Direito é perceber que tipo de ética jurídica pratica a partir da estética que apresenta. Neste plano enunciam-se as possibilidades metodológicas de uma pesquisa para a estética do Direito.[6]

---

6. Apesar de se poder classificar o tipo de solidariedade pelo número de leis, conforme o conceito de Émile Durkheim (1858-1917) é mais importante entender como certo tipo de relação social ou solidariedade, constrói possibilidades crescentes de anomia na sociedade moderna industrial. "Em uma perspectiva durkheimiana, pode-se dizer que a relação entre solidariedade e anomia vai demonstrar como a sociedade moderna, industrial, constrói um tipo de relação social que determina um tipo de solidariedade que leva os indivíduos a uma crescente autonomia, desconfiança e desobediência das normas de convívio gerais, e que provoca a maximização de algum tipo de anomia". (Sacadura Rocha, *Fundamentos e Fronteiras da Sociologia Jurídica*. 2005: 65).

A razão do Ser, de forma autônoma, é refletir e decidir. O que é a razão? Tudo que o Ser produz de forma voluntária ensejada pela vida real; o Ser para-si sócio-histórico que se produz criativamente por oposições e complementações diante dos problemas da sua vida real. O Ser não tem uma origem, a razão não tem uma origem. O Ser não é, e a razão não pode apresentar nada definitivo, absoluto e perfeito. Só existe a construção. A estética é a resultante desse "não ser" a *priori*. Não existe uma beleza; não existe a beleza! Não existe a verdade, a ciência, a pureza, a ética, o "criacionismo": existe a construção de tudo isso pela opção produto da reflexão. Isto é a razão: a estratégia de sobrevivência refletida e deliberada tanto quanto certas forças naturais e outras tantas políticas o possibilitarem. Portanto, também não é evolucionismo. É processo histórico humano; isto é a razão a serviço da existência da vida material.

Uma pesquisa consequente deverá demonstrar que a uma estética do Direito com autonomia e liberdade corresponde uma independência maior do Ser com seu processo natural de sobrevivência e uma institucionalização política menos autoritária. Não existe razão, não existe ética, se ética e vontade forem parte de projeto político alheio. Quando isto acontece, "onde não há vontade, não há via, só devir" (Castoriadis, *Feito e a ser feito – As encruzilhadas do Labirinto V*, 1999: 55). Se não há via, não há solução! Qualquer estética aqui é, forçosamente, tirania de uma beleza bizarra. Deixa de existir o *Ser-para-si* de que nos fala Jean-Paul Sartre (1905-1980); por outro lado, o *Ser-em-si* assim transformado, sem vontade, nem Ser é. *Conclusão: o Direito ou é produto do Ser-para-si coletivo, ou então não é nada. O Ser-para-si coletivo é a junção do Ser-para-si individualmente tomado; este Ser ou com liberdade e autonomia reflete e coloca a vontade no Direito, ou não existe Direito algum. Logicamente: a estética do Ser social forma a estética do Direito; a ética do Ser social forma a ética do Direito.*

Não é pertinente atribuir à ética perenidade em seus conteúdos. Como, então, formular uma estética minimamente ética do Direito, vale dizer, condizente com uma ética voltada essencialmente à felicidade e bem-estar coletivos, aqui e agora? Não há como o fazer sem se emancipar do criacionismo pecaminoso do judaísmo, do cristianismo e do islamismo; não sem denunciar também o evolucionismo autoritário do legalismo. O poder e o controle, eis o que está em questão no Direito: de que se vale o sistema jurídico e o Estado?

Se não existe perenidade, existe, por outro lado, a constatação que são necessários limites, se estabelecidos pela existência humana no processo de superação de sua animalidade instintiva, dizem respeito ao Outro na inexorável observância da convivência social. Contudo, uma ética baseada em um relativismo pragmático que tudo possibilita e pretende esquecer, uma defesa sem limites à "diferença pela diferença", inviabiliza o respeito e a intersubjetividade possibilitando o triunfo da banalidade, da prepotência e do arbítrio de pessoas e de instituições de poder como o Direito e o Estado.

A validade do Direito está onde? No *Ser-para-si* em cuja racionalidade autônoma se instala certa "coerção jurídica". Uma democracia consentida em que a lei aparece como necessária e útil a objetivos definidos subjetivamente.

Veja-se, por exemplo, a definição de Max Weber (1864-1920):

> Os interesses dos indivíduos são afetados de vários modos pela "validez" empírica de uma ordem como "norma jurídica". Em especial, podem originar-se para pessoas particulares probabilidades calculáveis de manter à sua disposição bens econômicos ou adquirir em um futuro, com determinadas condições prévias, a disposição sobre eles. (*Economia e Sociedade. In* Cláudio Souto & Joaquim Falcão. *Sociologia e Direito*. 2002: 120).

Mas este subjetivo, por mais que comporte interesse individual do Ser, esbarra sempre no interesse coletivo, ou no interesse individual do Outro. Portanto, mais do que validar o Direito pelo meu interesse preciso validá-lo pelo interesse coletivo: em contrapartida, o peso da coerção jurídica se dilui quando o Estado atua sobre todos e não especialmente sobre mim. Para o homem, democraticamente constituído, a garantia do Direito é proporcional ao sentimento que cria quando reflete sobre a abrangência coletiva do Direito: mais do que uma relação individualista sobre os benefícios pessoais, presentes e/ou futuros da lei, mas, para além do medo da instituição e do medo da desordem, a deliberação pessoal de que preciso emancipar-me coletivamente da violência.

Mas existe outra condição: essa volição do Ser transforma-se, no percurso, em opção racional a partir da própria estética que observa no Direito. Como o indivíduo se percebe no Direito e até que ponto, em que medida, sua opção pela ética pessoal e por uma estética, se refletem no Direito? Pela parte estética do Direito, quer dizer, pela conduta ética de seus operadores e pelas deliberações sentenciais em cada caso. O espelho jurídico, para cada indivíduo, em uma sociedade democrática é o verdadeiro alicerce de uma permanência de valores individuais no sentido da coletividade. Esta realimentação entre o Ser e o Direito é que moldam constantemente uma estética desejável de uma sociedade de democracia social plena.

O ato jurídico é em si mesmo um ato sentencial que absolve ou pune. Para os criacionistas e originários o Direito perdoa – quase uma emanação divina. Para os evolucionistas legalistas o Direito é a lei – muitas vezes uma desculpa institucional para a injustiça. O Direito pode sentenciar com ou sem ética, por isso, deve existir um sentido de humanização e coletividade, um parecer ético. O que o *Ser-para-si* anseia é reforçar sua racionalidade sócio-histórica refletida e consentida por uma vontade decisória autônoma com base nessa ética. Não existe Direito fora deste alcance subjetivo e nem tão pouco à sua revelia. O Direito ou está na ética do Ser ou não está em lugar algum.[7]

**PARADIGMA 3:** O homem moderno parece ser, antes de tudo, uma construção jurídica. Valorizamos expressões como "personalidade jurídica", "segurança jurídica", "igualdade jurídica". Direitos e deveres são o que estão na lei. Temos leis para quase tudo e muitos acreditam que falta pouco, alegram-se, para agasalhar em colo jurídico a completude da vida social. Tenho um amigo que me disse: "Graças a Deus vou estar morto! – e arremata: Já pensou uma lei dizendo que dar um tapa na mãe é pena de 6 a 12 meses de reclusão e multa de 2 a 4 salários mínimos,

7. Mesmo um autor que deposita na intersubjetividade toda a essência do Direito, como Carlos Cossio (1903-1987), tende a separar a esfera Moral da jurídica, o que em si mesmo é um paradoxo perigoso, pois se entendo o Direito como conduta humana, como garantir esta autonomia da conduta subjetiva sem comportamento ético? A própria limitação que a intersubjetividade garante já é em si mesma o paradigma da ética em sua essência. "Aqui se adverte, de forma evidente, que as ações podem interferir, não só subjetivamente, mas também intersubjetivamente; e neste segundo modo de consideração teremos não que nos colocarmos frente à omissão, mas sim frente ao impedir. O Direito considera a conduta debaixo desta interferência intersubjetiva; e por isso sempre há, pelo menos, dois sujeitos em qualquer relação jurídica. Portanto, ao dizer intersubjetiva, se assinala que a mesma ação pode ser considerada em forma independente pela Moral e pelo Direito, sem necessidade de que este peça algo emprestado à Moral; por exemplo, se o roubo é condenado tanto pela Moral como pelo Direito não é que a condenação do Direito se fundiu com a imoralidade, mas sim que se origina diretamente com o desvalor intersubjetivo". (Carlos Cossio. *O direito no direito judicial*. 2002: 73). Aqui o exemplo claro da separação da Moral do Direito com base na incompreensão de que essa limitação valorativa que vem da relação com o outro já é em si mesma um preceito ético-Moral.

com possibilidade de reversão em trabalho comunitário?!". Eu não faço comentários, mas, cá entre nós, acho que não falta muito para essa lei sair. Meu amigo vai viver o bastante e ensiná-la aos alunos.

**PROBLEMA:** Se vemos uma placa que diz "Velocidade permitida 100 km", o que entendemos exatamente? Que é proibido conduzir um carro a 10 km naquele trecho da rodovia? Veja outra situação: a lei diz que "fica proibido fumar em lugares fechados de uso coletivo". Isto significa que se deve fumar em nossa casa? A intenção é perceber que o julgamento dos fatos humanos dificilmente depende apenas da lei, que a proibição ou a permissão legal de algo implica análise valorativa (ética). Você andaria a 10 km na rodovia Dutra? Deve-se fumar em casa onde ficam nossos filhos?

**EXERCÍCIO:** Analise a diferença em nosso Código Penal de Calúnia, Difamação e Injúria, no máximo em duas páginas.

**LER:** A peça de teatro "O Mercador de Veneza" de William Shakespeare.

**VER:** Filme "A Confissão" (1999) do diretor David Hugh Jones.

De forma geral a grande conclusão é que direitos devem ser exercidos a cada instante como deveres de cada indivíduo. Se ao Ser, segundo sua personalidade ética, lhe cabe a consciência de que o Outro lhe é essencial e que a existência tem sentido maior na coisa pública, então é possível compreender a necessidade de uma socioética da justiça, que ao mesmo tempo em que resgata e recria a soberania popular, incentiva a vontade na escolha existencial do bem e de ligações humanas condicionadas por um certo "desprendimento". Esta é, em última instância, uma estética nova.

O problema não é, naturalmente, regular a liberdade, e um punhado de outros direitos fundamentais, mas regular as formas como a liberdade e esses outros direitos podem se realizar em uma vida boa, ou de outra forma, o que se pode ou não fazer, em que circunstâncias e quais as sanções previstas na quebra da normatividade. Muitas vezes prefere-se este "jesuitismo" para ver se pode se levar alguma vantagem social na relação com os outros; na medida em que parece não ser responsabilidade do indivíduo reconhecer o outro como limite de seus privilégios, a escolha pela decência e a indignação contra a violação de uma vida com liberdade parecem impossíveis. É como se o Ser repudiasse a ética, pois ela implica em uma "estética" de convivência respeitosa, algo que parece inconcebível para o humano de hoje.

As classes dominantes e as elites oligárquicas formam uma ideologia de reação a esta tomada de consciência e se esforçam para introduzir em todas as instâncias sociais, educacionais e institucionais, a ideia agradável ao ID Freudiano de que se pode tudo, se consegue tudo se houver esforço bastante para isso, e que isso é apanágio de liberdade, quando na verdade é exatamente o oposto, a destruição da liberdade e da convivência intersubjetiva como opção do Ser. No fundo se consegue muito pouco, inclusive materialmente.

Esses mecanismos subliminares introduzidos amiúde em nossas vidas com uso de ferramentas de cibercontrole, já nem prescindem tanto dos que detêm poder, ainda que passe por eles e a eles atenda de forma privilegiada. O Estado contemporâneo toma conta da vida e a torna produtiva pela sua "governamentalidade". *É interessante verificar como os homens estão sempre dispostos a obedecer à lei, a um terceiro, ao Estado, e não a obedecerem a si próprios no reconhecimento de que a vida humana é necessariamente coletiva e implica em limitações. Somos levados a respeitar a lei e o Estado em nome da "ordem", mas somos desestimulados a respeitar o semelhante em nome dessa mesma "ordem".*

# Capítulo 3

# A ÉTICA NO PERÍODO CLÁSSICO GRECO-ROMANO

O período que vai do século V a.C. ao século II da era cristã, é marcado de forma preponderante por um pensamento que privilegia a orientação filosófica para a vida pública. De Sócrates a Cícero os homens são educados para a cidadania, uma cidadania que é muito mais a responsabilidade da convivência coletiva do que o exacerbar das conquistas pessoais, ou melhor, o sucesso pessoal como consequência do bem-estar coletivo. Neste sentido, a Filosofia se encarrega de orientar os indivíduos para a necessidade de observarem limites às suas condutas pessoais, pois delas derivarão a sua saúde – tanto física como espiritual – como a "saúde" da sociedade.

Contudo, ao longo deste período podem-se observar pelo menos três orientações filosóficas proeminentes: a de Sócrates e Platão, mais voltada para o transcendental e o julgamento das ações humanas pelos deuses; a de Aristóteles, voltada para a felicidade como recompensa da participação cidadã no bem-estar da coletividade; a de Epicuro, carregada de uma orientação comportamental que exige máxima responsabilidade derivada de uma concepção existencial finita.

De qualquer forma, à Filosofia deste período pertence um papel eminentemente educacional, de orientação, procurando, ao máximo, preservar a liberdade e os direitos individuais e coletivos, papel esse muito diferente das concepções medievais cristãs que se seguiram e das quais, potencialmente pelo menos, o ocidente não se libertou jamais.

## 3.1. A ÉTICA TRANSCENDENTAL DO PENSAMENTO SOCRÁTICO-PLATÔNICO

No período socrático (séculos V e IV a.C.), destarte as diferenças entre os pensadores gregos, em um princípio todos se aproximam: o pior criminoso é aquele que, tendo as oportunidades educacionais e formativas patrocinadas pela sociedade e pelo Estado, usa desta formação para o mal, para os interesses escusos e egoístas de sua pessoa. Este "cidadão" é infinitamente maior criminoso do que aquele que comete delitos por ignorância ou por absoluta necessidade de sobrevivência; daí, logicamente, o julgar e o punir devem ser adequados a cada caso partindo-se inclusive dessas premissas.

A problemática em Sócrates (469-399 a.C.) é "inocentar", por assim dizer, o delito como consequência da ignorância, da falta de educação, da falta de sabedoria, enfim, da falta de Filosofia entre os homens. Mas já no mito da caverna, Platão (427-347 a.C.) deixa claro que os homens nem sempre estão desejosos da verdade, dispostos à sabedoria. Depois, em Aristóteles (384-322 a.C.), apesar da função de educar que cabe preferencialmente ao Estado, o homem deve adquirir o hábito da ética, nem que para isso se tenha que usar a coerção da lei. Em certo sentido, o pensamento aristotélico é coercitivo: como, contudo, a opção pela ética – bem-estar social e felicidade de todos – deriva da vontade do Ser, essa educação para o hábito da lei é que deverá, em última análise, "obrigar" a certa consciência coletiva.

Essa ética legalista, que está na base do posterior dogmatismo jurídico, até nossos dias, configura-se para Sócrates e Platão como uma defesa contra os Sofistas, pensadores da época que tendo uma ótima retórica apregoavam em praça pública que as leis eram relativas a cada cidade e a cada situação, o que interessava às novas elites atenienses, aquelas que reclamavam poder e benefícios acima dos demais cidadãos em virtude de suas posições privilegiadas na logística militar, já que as cidades-estados estavam permanentemente em guerra. *A ética socrático-platônica, neste sentido, é dogmática na defesa da lei como forma de assegurar a todos os cidadãos igualdade e tratamento equidistante.* Portanto, é uma ética política, onde a própria vida do filósofo não pode estar acima do bem-estar de todos, e se para defender essa igualdade e esse bem-estar coletivo, for preciso a doação da própria vida, o filósofo não deve temer a morte.

Naturalmente que uma disciplina assim tão altruísta tinha por trás uma concepção de vida infinita, da vida terrena como um estágio, uma passagem em busca da virtude que só o conhecimento pode proporcionar. Como o conhecimento é infinito, a vida espiritual é infinita. A concepção de uma alma preexistente e subsistente, portanto, em um ciclo eterno de desencarnação e reencarnação, possibilita esse destemor do julgamento dos homens, certo de que as boas ações e a virtude adquirida valerão mais no Além do que o perjúrio, a incompreensão e a condenação feita pelos homens. Não que este pensamento desobrigue os homens às leis da cidade, do Estado, mas ao fato que se as leis forem burladas ou usadas em benefício apenas de alguns, os espíritos egoístas terão seu julgamento e condenação pelos deuses no Hades (submundo dos mortos).

Diz Sócrates no Diálogo escrito por Platão no *Fédon*:

> Sabei, no entanto, que espero juntar-me a homens justos e deuses muito bons. Eis por que não me aflijo com a minha morte; morrerei tendo a esperança de que existe alguma coisa depois desta vida e de que, de acordo com a antiga tradição, os bons serão mais bem tratados que os maus (Platão, *Fédon*).

Com relação ao débito social incontornável, no estrito cumprimento eficaz da lei, escreve Platão sobre Sócrates no *Críton*, quando lhe é sugerida a fuga da condenação à morte:

> Vejamos se assim entendes melhor. Se no instante de nossa fuga, ou como queres denominar nossa saída, as leis da República nos dissessem: "Sócrates, o que vais fazer? Executar teu plano não significa aniquilar-nos completamente, sendo que de ti dependem as leis da República e as de todo o Estado? Acreditas que um Estado pode subsistir se as suas sentenças legais não têm poder e, o que é mais grave, se os indivíduos as desprezam e aniquilam? Que responderíamos, Críton, a essas e outras acusações semelhantes? Quantas coisas não poderiam ser ditas, até mesmo por um retórico, a respeito do aniquilamento dessa lei que exige o cumprimento das sentenças emitidas? Porventura responderíamos que a República foi injusta e nos julgou mal? É isso que diríamos?" (Platão, *Críton*).

O exterior no pensamento socrático-platônico, posteriormente no aristotélico, é a necessidade do educar como função de perceber a formação do cidadão com isonomia, e, então, trazê-lo ao nível da consciência como axioma da sabedoria e felicidade do próprio Ser, quer dizer, como fundamento da construção espiritual do Eu, que só se cristaliza, a partir de e como fim, em uma felicidade coletiva. De uma forma ou de outra, aqui o dever ser já implica em "construção", não em "origem": pela educação, pela Filosofia, pelo hábito, pela volição do Ser. A estética do Ser com base na ética é fruição do espírito mergulhado na vida político-jurídica.

## 3.2. A ÉTICA CIDADÃ DE ARISTÓTELES

Toda a filosofia clássica greco-romana apontava sempre de forma essencial para a convivência harmoniosa entre os homens, tendo levado os antigos a pensarem formas de conquistarem tal prática. Isto levou Aristóteles a construir o conceito de cidadania com base no "homem coletivo", educado para o hábito (*éthos*) da ética. A ética, *não* como nós a entendemos hoje, tinha no pensamento aristotélico uma divisão: a ética (*ethiké*), que corresponde à generosidade e à esperança, e a dianoética, que corresponde à sabedoria intelectual, à Filosofia. Aristóteles pretendia mostrar que a Filosofia, como puro conhecimento, só podia fornecer aos homens virtude (*areté*) se fosse praticada, quer dizer que a Filosofia só se realizava na medida em que se conseguisse praticar generosamente o hábito da virtude coletiva, levando, desta forma, o homem a conquistar a felicidade, bem supremo da alma. Portanto, temos aqui dois fundamentos da ética proposta: práxis (teoria e prática a partir da produção real da existência – termo usado por Karel Kosik (1926-2003) em *A Dialética do Concreto*, 1976) –, e realização humana plena no coletivo.

Diferentemente do pensamento de seus antecessores ilustres, Sócrates e Platão (seu mestre), a virtude não é mais um fim em si mesma, mas se realiza pela felicidade (*eudemonia*) dos cidadãos. A educação (*paideia*) é um "processo coletivo de construção individual". Individual, mas não solitária. Este processo coletivo é hábito teórico-prático da ética visando ao melhor para a comunidade, o seu bem comum. Esta prática ética que visa à convivência da coletividade – que no limite deve possibilitar a sobrevivência de todos –, construída pelo processo prático-educacional e realizada pela convivência, não está ainda assegurada porquanto cabe ao homem, em última análise, optar pelo justo ético.

> Aqui está, quiçá, a maior influência sobre a Ética da Personalidade do filósofo Sören Kierkegaard (1813-1855): a opção ética pelo justo, em torno do bem comum. Logo, essa responsabilidade social que deriva dessa *Paideia*, essa Ética da Responsabilidade aristotélica irá impregnar posteriormente outras filosofias. No entanto, a grande diferença para Kierkegaard, é que a opção pela ética deriva de um diálogo, quase ontológico, do Ser com ele mesmo. Não que fatores exteriores não tenham influência sobre esse "diálogo" introspectivo, mas aqui existe uma racionalidade acima de qualquer experiência, que no filósofo dinamarquês vai transformar-se na exigência da noção divina de pecado, enquanto no filósofo grego da Antiguidade, essa opção ética é uma construção do processo educacional criativo e crítico em conformidade com as necessidades de convívio e sobrevivência da coletividade. Assim, enquanto Kierkegaard se vê obrigado, em seu racionalismo, a aceitar o idealismo metafísico de Deus como forma de equacionar a origem e a justificação do correto, do decente, do justo, do bem, Aristóteles acaba apelando para a lei dos homens como artifício de determinação desses valores desejáveis, enfim, uma concepção que o leva à política como essência da condição humana, a partir da qual, num misto de democracia e sabedoria, poderiam os homens discernir o mais desejável para a boa conduta e convívio coletivos. A perspicácia do pensamento aristotélico se encontra com a linguagem: Aristóteles usa a palavra *poesis* para se referir à política. Esta expressão também é usada, por vezes, no semtido de "educação para os relacionamentos". Ou seja, quando se pensava em política se pensava antes de tudo em uma capacidade especial dos indivíduos se relacionarem para a convivência recíproca na *pólis*. Desta forma *poesis* (também poesia!) são relações políticas. *Práxis*, por sua vez é a possibilidade de na *poesis*, quer dizer, na ação política o indivíduo igualmente se tornar autoconsciente de forma crítica e criativa (como ver-se-á mais adiante), uma ação interna e externa ao mesmo tempo, ou, como dizemos juridicamente, "uma conduta humana voluntária".

Como se vê, de Aristóteles a filosofia de Kierkegaard herdou a noção de "opção", esse momento de humanização que o filósofo dinamarquês vai chamar de "salto", e que compõe a base da sua filosofia. Mas, a "Ética da Personalidade" desse pensador, ainda que capte fundamentalmente este "salto", quanto ao aspecto jurídico, vê na necessidade da lei o perigo de uma "não ética" e, em consequência, a impossibilidade de uma educação que efetivamente crie o hábito da conduta ética. Daí a necessidade, muitas vezes, de alternativas, como a religião, para que o Ser possa fazer *jus* à sua escolha pela ética. Nisto Kierkegaard se afasta da ética aristotélica, visto que para o pensador ateniense a política ou participação na gestão da coisa pública, sendo democrática, pode construir o senso de responsabilidade coletiva e a ética do bem comum.

Em uma sociedade imaginada como plenamente democrática, onde governantes são despojados de vilanias e soberba pessoal, onde os direitos naturais dos cidadãos devem ser respeitados pela *polis*, onde a participação popular na elaboração das leis e onde os juízes são acompanhados de perto pelos cidadãos, eleitos por ele e por ele destituídos, em uma sociedade assim, como Aristóteles pretendeu imaginar em sua filosofia, a penetração da lei e sua capacidade de coerção educacional para o hábito ético a partir do que todos consideram como o bem comum, não apresenta problemas de princípio, e dificilmente se pode negar que, se fosse este o caso, a lei deveria ser mesmo soberana.

A própria lei não é nem uma construção artificial, nem um dado da pura razão: ela é a expressão política da ordem natural, levando em consideração a situação da cidade e de sua história, bem como a composição do corpo social. É por isso que a questão das constituições e de sua hierarquia é secundária: seja monarquia, oligarquia ou democracia, o regime moderado é preferível ao excessivo; e uma combinação equilibrada de democracia e de aristocracia permite, certamente, a melhor existência. Mas o importante é que a lei seja o princípio. Pois a função da política é, para Aristóteles, a de conjurar o risco constante da servidão. Sua teoria sobre a escravidão – que nos parece monstruosa – tem ela própria como finalidade estabelecer que entre a vida política e a servidão existe a antinomia: se há servidão – e Aristóteles não admite que não haja –, ela é de ordem natural, e não de ordem política (Evelyne Pisier, *História das Ideias Políticas*, 2004: 13).

No entanto, é impossível imaginarmos que vivemos em sociedades deste teor. Pelo contrário, a realidade histórica sempre demonstrou quanto os homens não conseguiram chegar perto desta utopia. Em condições exatamente contrárias ao imaginário aristotélico - onde os interesses pessoais dos governantes insubmissos aos interesses dos que os elegeram, o alijar compulsório das massas da vida política aliada a uma apatia endêmica dos cidadãos em relação a questões mais relevantes da administração de sua comunidade, particularmente a partir do século XVIII o sistema capitalista, e mesmo nas utopias dos capitalismos de Estado, os chamados socialismos reais - o que se coloca a olhos vistos é a lei como instrumento de soberba, poder, dominação e exploração do homem pelo homem.

No ordenamento jurídico brasileiro, por exemplo, é de fundamental importância o conceito de 'fato típico' no Código Penal. O ilícito pressupõe 'conduta humana voluntária', 'nexo causal', 'resultado' e 'tipicidade'. Por sua vez a 'conduta humana voluntária' se carecteriza pelo binômio 'vontade e consciência', a partir do qual se tipifica a ação como crime 'doloso' ou 'culposo'. Neste primeiro caso, de forma simples, existiu intenção (ou vontade) - doloso; no segundo caso não existe intenção (ou vontade) - culposo. No primeiro caso o código se propõe a agravar a conduta ilícita. No segundo caso existem várias possibilidades de atenuantes previstas no referido Código Penal. Pois bem, o que fazer ao chegar-se à conclusão que um indivíduo não possui conhecimento, vontade ou consciência de que sua conduta é ilícita? Sabemos que o próprio código prevê inclusive exclusão de ilicitude em alguns casos onde se verifica impossível determinar o conhecimento, a vontade e/ou a consciência da conduta. Mas o que fazer nos casos em que essa 'alienação' deriva do fracasso político-social de administrar aos cidadãos instrução e liberdade, também condições materiais dignas de sobrevivência? Por isso Aristóteles afirmava que o pior malfeitor era aquele que tendo tido oportunidades as utilizava em proveito exclusivo de si.

Neste insofismável contexto acreditar que a lei possa criar a ética contumaz de acordo com as necessidades coletivas é ficar-se cego para a plenitude da desigualdade real que se espalha mundo afora. Seja em uma visão mais orgânica como a teoria dos "Aparelhos Ideológicos de Estado" de Louis Althusser (1918-1990), seja em uma concepção mais geral da "Microfísica do Poder" de Michel Foucault (1926-1984), o que se encontra em termos jurídicos é a lei e o ordenamento jurídico tendenciosamente a favor de uma determinada ordem que, a não ser por desfaçatez, não pode ser confundida com a sociedade ideal de Aristóteles.

**PARADIGMA 4:** Os deuses sempre foram considerados pelos homens ao estabelecer-se os valores morais. Seu poder inatingível e incompreensível serve de obstáculo a condutas antiéticas. Mas para isso haverá um momento no Além onde seremos julgados pelos nossos atos terrenos. Esta forma de orientação ética pode-se chamar de "Ética do Medo" e é a ideia forte no pensamento Socrático-Platônico. Aristóteles, contudo, achava isso insuficiente, visto que pessoas tementes aos deuses praticam atos prejudiciais aos outros. Procurando outra motivação para a ética, vai propor então que a ética está ligada à felicidade de cada um. Desta forma, desloca-se o eixo da preocupação ética do Além para o "aqui", para a busca da felicidade, vista como um direito do cidadão. Infelizmente, parece que os homens até hoje preferem a infelicidade a serem corretos.

**PROBLEMA:** Aristóteles disse que "A virtude requer que a verdade seja honrada por nós até acima de nossos amigos". Dificilmente alguém que seja nosso amigo aceitará este comportamento nos dias atuais. O problema é que a maioria assim pensa, e é essa tolerância à conduta inapropriada, em nome da "fidelidade", que leva muitas vezes à prevaricação e corrupção. Podemos aceitar que um comportamento moral não pode ser negociado com quem de nós espera defesa incondicional?

**EXERCÍCIO:** Para Sócrates e Platão, aquele que pratica delitos é um "ignorante". Para Aristóteles uma pessoa instruída pode cometer os piores atos contra a pólis. Discuta estas posições diferentes e dê sua opinião usando um exemplo do noticiário atual.

**LER:** A obra "Apologia a Sócrates", escrito por Platão.

**VER:** Filme "Um Homem Sério" (2009) dos irmãos Cohen.

## 3.3. A ÉTICA MATERIALISTA DE EPICURO

Nos séculos seguintes, aproximadamente do século IV ao I a.C., a Filosofia torna-se mais materialista e de certa forma mais teleológica. Expoentes deste período são Epicuro e Cícero, que deram origem respectivamente à escola Epicurista e Estóica. Ainda assim, a felicidade tendo por base o Outro e o bem coletivo continuam prevalecendo.

No materialismo filosófico de Epicuro (341-270 a.C.) a concepção transcendental da alma, e sua luta interna pelo bem, dão lugar ao mundo dos átomos e dos sentidos. A oposição entre o bem e o mal se afigura ao Ser como a oposição entre a dor e o prazer. Fundamentalmente, no entanto, o epicurismo "reduz" o Ser à consciência de sua verdadeira estatura diante do Universo, pois como constituído de pequenas partículas e sendo ele mesmo uma ínfima partícula cosmológica, sua noção de egocentrismo desmancha-se diante da óbvia insignificância em relação ao todo.

Diferentemente do que modernamente se entende por um Ser materialista, o materialismo epicurista diz que diante da pequenez humana os sentimentos sombrios do egoísmo e do poder valem pouco e que a verdadeira sabedoria está em cultivar o altruísmo e a solidariedade, na medida em que uma existência humana tão efêmera e diminuta não é compatível com sentimentos de arrogância e poder. Portanto, Epicuro apregoa, antes de tudo, a máxima que nada servirá ao crescimento espiritual do Ser se não for a obra maior, a maior que o espírito pode almejar, qual seja a dedicação inconteste à felicidade e bem-estar coletivos, pela sublimação do Outro em mim.[8]

Depois, à humildade se agrega a prudência na obra epicurista. A tensão entre o prazer e a dor, ou mais propriamente entre virtude e vício, como David Hume (1711-1776) há de resgatar já na primeira metade do século XVIII, impregna o Ser da consciência que, necessariamente, em uma existência tão curta, volátil e limitada em sua dimensão, o prazer da virtude deverá prevalecer em todas as situações opondo-se ao casuísmo e imediatismo da dor que advém de práticas não virtuosas.

---

8. É interessante ver como o próprio Marx (1818-1883) refere-se a esta construção em sua tese de doutoramento, apresentada em 1841 na Universidade de Iena, com o título "*Diferença entre as filosofias da natureza em Demócrito e Epicuro*". Diz ele, referindo-se ao atomismo epicurista: "E, com efeito, a singularidade imediata só se realiza de acordo com o seu conceito na medida em que ela se encontra relacionada com um Outro, que é ela mesma, mesmo que esse Outro se lhe oponha na forma de existência imediata. Assim, o homem cessa de ser um produto natural quando o Outro com quem se relaciona for um homem singular, e não uma existência diferente, ainda que todavia não seja ainda o espírito. Porém, para que o homem enquanto homem se torne, para si próprio, o seu único objeto efetivamente real, é necessário que tenha negado o seu ser-aí relativo, a força de seus desejos e da simples natureza. *A repulsão é a primeira forma da consciência de si*; corresponde, portanto, à consciência de si que se apreende como algo imediatamente-sendo e abstratamente-singular". (Ob. cit., 1981: 38).

Estes exemplos podem ser verificados nas três primeiras *Máximas Fundamentais* de Epicuro:

> I – O ser bem-aventurado e imortal está livre de preocupações e não as causa a outrem, de modo que não manifesta nem cólera nem bem-aventurança: tudo isso é próprio da fraqueza;
>
> II – A morte não é nada para nós, pois o que se dissolve está privado de sensibilidade e o que está provado de sensibilidade não é nada para nós;
>
> III – O limite da grandeza dos prazeres é a eliminação de tudo que provoca dor. Onde estiver o prazer e enquanto ele aí permanecer, não haverá lugar para a dor ou o sofrimento, juntos ou separado (*In* João Quartin de Moraes. *Epicuro:* as luzes da ética. 1998: 93-97).

Com relação ao Direito, a filosofia de Epicuro ressalta o direito natural como convenção social e a legalidade como uma necessidade de convivência onde não é lícito sofrer ou fazer sofrer o Outro. Epicuro vê na legalidade uma necessidade utilitarista resgatada por Hume, já que a sua função é proporcionar a felicidade aos indivíduos; se de um lado as leis são relativas na medida dos lugares e costumes, elas devem ser justas, provocando a isonomia necessária para o desenvolvimento da felicidade, evitando a dor, o que significa, igualmente, que uma lei injusta não tem utilidade para a sociedade, assim como práticas jurídicas injustas são descabidas.

Outras *Máximas* de Epicuro deixam clara a relação jurídica com a ética e a preocupação com a injustiça, consequentemente, com a dor:

> XXXI – O direito natural é uma convenção utilitária feita com o objetivo de não se prejudicar mutuamente;
>
> XXXIII – A justiça não existe em si mesma, mas só nas relações recíprocas e naqueles lugares em que se conclui um pacto para não causar e não sofrer danos;
>
> XXXIV – Em geral, a justiça é a mesma para todos, dado que ela representa uma vantagem para as relações sociais. Mas, considerando cada país em particular e outras circunstâncias determinadas, a mesma coisa não se impõe a todos como justa;
>
> XXXVI – Ali onde se torna manifesto, sem que as circunstâncias tenham mudado, que as leis estabelecidas como justas acarretam consequências que não são conformes à prenoção e justiça, tais leis não são justas. E quando, em consequência de uma mudança das circunstâncias, as leis estabelecidas como justas não se mostram mais úteis, elas não deixarão de ter sido justas no momento em que ofereciam utilidade às relações sociais entre os cidadãos da mesma

comunidade. Elas posteriormente deixaram de ser justas por não mais serem úteis. (Ibidem 1998: 93-97).

Concluindo, pode-se então dizer que a felicidade de cada Ser se constrói pela prudência em evitar prazeres imediatos, supérfluos, com pena de duradouramente se transformarem em verdadeiros pesadelos que torturarão cada indivíduo em sua consciência e lhe afastarão do gozo da vida. E qual o maior gozo da vida? Qual o maior prazer duradouro que um Ser pode almejar nesta efêmera passagem material? Dedicar-se ao próximo; construir a felicidade pessoal na medida em que consegue levar ao semelhante a sua própria crença inabalável nestas premissas. *Não sem exagero pode-se afirmar que o materialista epicurista é aquele sujeito que só vê sentido na existência se for o ajudar a construção da felicidade alheia. No fundo um altruísta; um filósofo com caráter. Com um adendo: não tem como recurso a seus erros, à sua falta de personalidade e ética, o perdão dos deuses, mesmo diante de toda a fragilidade de sua condição humana. Apenas a sua ética!*

## 3.4. A ÉTICA HOLÍSTICA E ESTOICA DE CÍCERO

Em Marco Túlio Cícero (106-43 a.C.) assiste-se a uma grande fusão de teorias anteriores. Entrementes, a dimensão da construção do Eu em relação ao Outro, não se perde. Em uma visão mais sistêmica e universal, Cícero - um romano que viveu e estudou as filosofias dos povos mais proeminentes da cultura ocidental da época - propõe sua filosofia a partir de três pilares essenciais: a razão, a ciência e a natureza. A razão e a lógica vêm naturalmente de Platão e Aristóteles. De resto, o homem estóico é antes de tudo um homem de ação, um romano. O conhecimento científico, o estudo da física e todas as ciências e conhecimentos, aproveita Cícero de Epicuro - ainda que este tenha se detido mais à física por sua visão dos átomos. A natureza, talvez a mais marcante característica do pensamento estóico, é em verdade a retomada de uma entidade que desde o século V a.C. os gregos haviam descartado na eidética de sua filosofia - um ressurgimento pré-socrático.

A teleologia, a visão cosmológica, desta feita, se amplia e enriquece, na medida em que são necessários todos os conhecimentos que a razão pode absorver e concatenar logicamente, fundamentalmente com a natureza. Na essência do pensamento estóico o que deve ser o objetivo de cada Ser é este reencontro com a natureza e o reconhecimento que fora dela está dada a impossibilidade de um reencontro do Ser com ele mesmo. O Ser em si é natureza, um elemento de um todo projetado para viver e sobreviver de forma harmoniosa no respeito a essas forças tão incompreensíveis como portentosas, ora amigas ora medonhas. A incompreensão leva tanto ao conhecimento científico como à adoração, ao estudo pragmático como ao respeito do sagrado. Mas a força da natureza só pode logicamente levar o Ser a aliar-se a ela. Então, cada ser terá que usar os conhecimentos para provar à razão que deve encontrar seu caminho pessoal, e cada um deve empreender este caminho a partir de si mesmo, igualmente, como um Ser da natureza.

Escreve Cícero na obra *Leis, Livro I*:[9]

> ... De todo o material das discussões dos filósofos, sem dúvida não há nada mais valioso do que a plena percepção de que nascemos para a Justiça, e de que o direito se baseia, não nas opiniões dos homens, mas sim na Natureza. Esse fato será evidente de imediato se tivermos uma concepção clara da confraternização do homem e da união com seus semelhantes. Porque nenhuma coisa é tão parecida com outra, tão exatamente sua contraparte, como todos nós somos uns dos outros. E assim, como quer que definamos homem, uma única definição se aplicará a todos. (...) E, de fato, a razão, a única coisa a nos elevar acima do nível das bestas, e que nos capacita a tirar deduções, a provar e refutar, a discutir e resolver problemas, e a chegar a conclusões, é com certeza comum a todos nós e, apesar de variar no que se aprende, pelo menos é invariável na capacidade de aprender. (...) De fato, não existe nenhum ser humano de qualquer raça que, encontrando um guia, não possa alcançar a virtude.

Aqueles que rapidamente empreenderem esse caminho e alcançarem a integração com a natureza, destarte os obstáculos que necessariamente se anteporão, como parte do processo de compreensão da verdade, serão sábios e virtuosos. E então, só então, deverão consolidar essa virtude e sabedoria auxiliando os Outros a empreenderem seus próprios caminhos subjetivos, a partir de suas naturezas intrínsecas e das posições que lhes foram reservadas e serão descobertas ao longo da vida. Ainda que o filósofo, o sábio, tenha conseguido algo, ainda que não em sua plenitude, dessa integração com a natureza, deve

9. Valemo-nos do texto traduzido por Reinaldo Guarany. *In* Clarence Morris (Org.). *Os Grandes Filósofos do Direito*.

colocar tal conhecimento e felicidade a serviço de que Outros assim procedam. *Isto significa, em última análise, que este "ajudar" o Outro em seu caminhar já é parte do próprio processo de aprendizagem pessoal em um sistema relacional. Aqui, não apenas a doação em proveito da felicidade alheia, mas a afirmação conjunta de sua própria felicidade.*

**PARADIGMA 5:** É difícil aceitarmos que o comportamento ético pode existir a partir apenas de opções pessoais. Mas na Antiguidade Clássica a Filosofia, que se confundia com a Moral, incentivava os indivíduos a optarem pela ética como forma de serem saudáveis, física e espiritualmente. A grande motivação para ser ético era então praticar o bem-comum, e neste sentido, ser correto se confundia com a Política, porque o bem-comum diz respeito ao espaço público, a cidade ou a pólis. Tanto o pensamento epicurista como estóico ressalvam essa vinculação entre Política, felicidade e ética. Ver o Outro objetivamente como a grande motivação para nosso comportamento ético, ou exigir ética de outrem só porque isso me é devido, parecem ser ideias sem sentido hoje.

**PROBLEMA:** A hipótese defendida para a prática da ética na Antiguidade Clássica (século V a.C. a século II de nossa Era) está ligada à prática da política enquanto dever do cidadão pelo bem-estar da cidade. Mas participar da coisa pública, obviamente, só faz sentido em regimes democráticos. Onde impera o autoritarismo fica difícil esperar dos cidadãos compromisso com o coletivo e com a ética. Você deve perceber agora que existe uma ligação direta entre Política e Moral, assim como entre democracia e ética. Quando nos abstemos da vida pública estamos mais perto de nos abstermos de comportamentos éticos.

**EXERCÍCIO:** Após a leitura do texto sugerido abaixo, compare em um breve resumo com o discurso "Primeira Catilinária" de Cícero, pronunciado no Senado Romano em 63 a.C. (Do discurso de Cícero sugerimos ao menos os capítulos I, VII, XI, XII e XIII).

**LER:** O ensaio "Em que Creem os que Não Creem" de Umberto Eco e Carlo Maria Martini.

**VER:** Filme "O Gladiador" (2000) do diretor Ridley Scott.

Os autores mencionados representam escolas diversas e nos fornecem um panorama adequado do pensamento ético-filosófico da Antiguidade Greco-Romana.

A visão epicurista no Direito remete, como se disse, à humildade e à prudência. Evidentemente o materialismo filosófico atualizado dedica importância singular à parte material de um processo jurídico, como as provas, os testemunhos, a perícia etc. É que não existe volta e meios factíveis de reparar um erro jurídico, pois por menor que este dano possa parecer, o simples fato de ter recaído sobre o semelhante uma injustiça, uma pena material ou moral, já é suficiente para que o Ser se torne, a seus próprios olhos, indesculpável. No materialismo filosófico não há a quem recorrer.

A visão estóica no Direito, por sua vez, remete à generalidade de conhecimentos e ao confronto de cada indivíduo consigo mesmo no sentido de encontrar subjetivamente a felicidade. Esse encontrar a felicidade vem pela sabedoria do entendimento global de que toda a verdade é apenas parte de uma verdade maior, e que, portanto, interessa mais ao jurídico ajudar que cada Ser possa encontrar seu caminho e trilhá-lo rumo a esta felicidade; *em outras palavras, o estoicismo jurídico é uma prestação de serviço.* No fundo, não existe conhecimento jurídico, nem prática de justiça, que não sejam contribuição de todos os conhecimentos a serviço da lógica humana, com objetivos claros de ajudar a todos a trilharem este caminho junto à natureza. Não são direitos naturais inatos e universais que o estoicismo está a apregoar, como comumente se pensa, mas sim a integração do homem com a natureza tendo por objetivo a construção natural da felicidade como direito de cada Ser tomado individualmente.

A estética do Ser e do Direito confunde-se intrinsecamente com a decência da vida prática e criativa de um e outro. Uma instituição de Estado espelha necessariamente esse comportamento decente pelas práticas criativas que executa quando na relação com o cidadão; neste sentido a beleza de sua estética é a medida imediata de sua ética. Para o cidadão que procura ser ético não existe estética aceitável em uma instituição se não for pela percepção imediata de sua ética no atendimento às necessidades coletivas, tidas em cada momento histórico determinado como fundamentais. Para uma ética do Ser, o valor da decência, por sua vez, tem que ser visto, é exigido, em todas as instâncias da vida social. Por isto o político funde-se igualmente com a vida social mais elementar, como no homem político de Aristóteles, e cuja construção se deve em muito ao pensamento de Sócrates e Platão.

Eis a contribuição que devemos focar da Antiguidade: seja pelas vias do idealismo platônico e aristotélico, ou pelo materialismo epicurista, ou o "teleologismo" estóico, estética e ética se funde na/para cidadania, Direito e Estado são indivisíveis, o público e o privado nenhuma diferenciação significativa apresentam (talvez apenas com algumas exceções no período do Império Romano).[10]

Em suma, a construção do bem e do correto no espírito humano passa sempre pelo bem-estar coletivo, o faz igualmente pela razão maior do prazer, ou uma felicidade, que, enquanto individual, alcança posteriormente uma dimensão social abrangente. Não se coloca, portanto, a questão do decente a não ser pela compreensão última das oportunidades concretas que se colocou à disposição do indivíduo para que pudesse desenvolver seu espírito ético – fundamentalmente educação e inserção social; depois, só depois, há de se cobrar os indivíduos de suas ações e opções. E então cobrá-las com tanta ênfase quanto se deu para que cada um desenvolvesse suas potencialidades de cidadão, responsabilidade de toda a *pólis* e do governante ou Estado.

O poder do Estado e de suas instituições, como o Direito, são instrumentos de uma ética coletiva, e só neste sentido, exercido o papel que ao público e suas instituições compete, se deve e pode cobrar o privado. Comportamentos eticamente reprováveis não encontram universalidade em todas as épocas e sociedades humanas: no pensamento filosófico e político da Antiguidade a cidade-estado que não possibilitasse o bem coletivo aos cidadãos sempre poderia esperar, se não propriamente o comportamento mais destrutivo, pelo menos uma difícil situação de direito, qual seja, o direito de julgar e punir em sã consciência moral.

## 3.5. A ÉTICA PASTORAL DE STO. TOMÁS DE AQUINO

Após o segundo século da Era Cristã, a ética de cunho filosófico-educacional praticada nos últimos séculos da Antiguidade Clássica, dá lugar ao ressurgimento da "ética do medo", potencializando o platonismo, na medida em que ressuscita a centralidade do Além, como forma de orientar a conduta dos homens. Diante

10. Nas palavras de Hannah Arendt (1906-1975), "Não só havia uma separação muito maior entre a família e a cidade na Grécia do que em Roma, mas somente na Grécia a religião olímpica, que era a religião de Homero e da cidade-estado, era separada da religião mais antiga da família e do lar, e superior a esta". (*A Condição Humana*. 2004: 33).

do esfacelamento do Império Romano, apenas a Igreja católica poderia assumir, com a sua veneração ao Deus único que tudo vê, presencia e julgará no juízo final, a orientação dogmática sacra para o comportamento humano na Idade Média, período que se estende por aproximadamente mil anos.

Contudo, após o medievo, por volta do século XV, tomando por referência a queda de Constantinopla, em 1453, rupturas profundas levam os homens a reassumirem a responsabilidade política de sua governabilidade, o que, em última instância, autoriza uma moral laica e uma ética voltada para os comportamentos terrenos. Esta passagem deve-se, entre outros motivos, ao florescimento de uma economia de mercado, ao comércio nos incipientes burgos, ao incremento do comércio e necessidade de transações financeiras, endinheiramento, aos desejos de reis e reinos de se desobrigar da Igreja de Roma, ao surgimento de teorias revolucionárias sobre a natureza, que se pretendem científicas pela observação e experimentação, e a uma nova filosofia que defende, de um lado, o homem como portador incondicional de direitos, e de outro, um cristianismo menos coercitivo e dependente, como no caso da Reforma Protestante.

Findo o período da Antiguidade com o desaparecimento do Império Romano (476 da era cristã), a extrema divisão territorial e a enorme quantidade de conquistadores de origem germânica, asiática e africana, transformam o continente europeu em um aglomerado de feudos difíceis de aglutinarem-se a partir de um único poder e comando; no mais das vezes a história da Idade Média é a guerra de senhores contra senhores em busca de mais poder e territórios, cujas alianças entre si são tão instáveis quanto seus apetites de conquistadores. Nesse contexto a Igreja e o Cristianismo desempenharão um papel relevante na geopolítica da época como canalizador de um poder que se põe acima e para além dos homens e garante alguma estabilidade a um sistema político absolutamente volátil. Esse poder é o poder de Deus.

O Cristianismo tem tantos filósofos importantes (por exemplo, Sto. Agostinho e Sto. Tomás de Aquino; Lutero e Calvino; Sta. Teresa de Ávila e Pe. António Vieira) como longo foi o período em que quase de forma absoluta se impôs inconteste sobre reis e príncipes, mesmo após o fim do período medieval. Sem explorarmos o pensamento dos autores de forma exaustiva, pode-se apontar a contribuição do pensamento filosófico medieval para uma ética que em sua essência tenha a dialética do Ser e do dever ser consubstanciada no espelhamento do caráter intersubjetivo, ou o Outro como fundamento da formação da existência dos Seres. Neste sentido, optamos aqui por não detalhar diferenciações entre correntes cristãs, ainda que elas sejam relevantes,[11] para nos atermos às diretrizes filosóficas mais gerais da cristandade.

Em linhas bem gerais, o Cristianismo coloca como fundamento de sua pregação e doutrinação a necessidade supraterrena de os homens salvaguardarem suas almas para o grande e definitivo julgamento no fim dos tempos, o juízo final. Toda a escolástica, patrística e demais sistemas litúrgicos cristãos estão voltados para a necessária aceitação de que haverá um momento em que Deus julgará a todos e a todos os nossos atos, e então para uns haverá o paraíso com vida eterna, onde cessarão todas as dores e angústias humanas, na revelação das verdades definitivas e universalmente eternas, e para outros, a condenação ao inferno, onde, em uma similitude inversa, todas as dores e angústias permanecerão para sempre.

A grande lição de ética cristã aponta, portanto, para uma absolvição ou condenação derivada e dependente dos atos humanos na terra; daí a imperiosa necessidade da igreja em cumprir seu papel de redentora de almas, no pastoreio dos homens e no papel divino de salvação dos espíritos. Este processo de redenção, no entanto, só pode ser exercido com plenitude se houver uma indagação do indivíduo sobre si, o que exige o "conhecimento de si mesmo", obviamente no sentido de se reconhecer como falível e sujeito a erros. Da impotência e falibilidade da condição humana deriva o que é importante para a ética do comportamento: que atos um cristão deve praticar para que possa se apresentar sem restrições ao Divino Julgador? A resposta é parte da noção ética de todo o Ser cristão: fazer o bem ao próximo como gostaria que fosse praticado consigo mesmo!

11. Por exemplo, a relação entre o Ser e a Igreja é diferenciada no catolicismo e no protestantismo. Enquanto naquele a liturgia exige uma permanência e dedicação mais assídua do fiel, nesta é possível um certo distanciamento entre as atividades práticas cotidianas e o ritual religioso.

Todos os escritos sagrados, desde a *Lei de Talião* até o *Apocalipse*, são manuais que de forma explícita ou metafórica, dizem aos homens o que é o bem, o que é o correto, o que deve ser consentido como ético e o que é decente e o que não tem caráter. Neles a grande redenção do Ser diante Dele são os atos para com os Outros. Isto quer dizer que, quando o homem comete a falta diante dos mandamentos divinos, para com Ele ou para com os Outros, tanto faz, o perdão divino e a possibilidade da redenção no juízo final, a salvação da alma diante de Deus, deve vir pelos atos de bondade e dedicação praticados aqui e agora, portanto, diante de meus semelhantes para seu bem-estar e felicidade, como preceito de justiça. Mesmo o pecado só será perdoado no ato mundano da dimensão terrena do Outro.

De forma geral, esta premissa maior é especialmente todo o evangelho de Cristo, e é a máxima verdadeiramente maior do Cristianismo. Está assim na sabedoria de um Tolstoi, na virtude em Dostoiévski, ou mesmo na resistência às tentações em Goethe. E ainda assim, não há dúvidas que esse processo de "conhecimento sobre si" valida e leva à ascensão política das grandes instituições de controle social e seus dignitários, e submete o Ser a um complexo de inferioridade que está na base dos grandes processos modernos de dominação e poder.

Como se sabe, a filosofia de Sto. Tomás de Aquino (1225-1274) fundamenta-se em Aristóteles, diferentemente de Sto. Agostinho (354-430), cujo pensamento se baseia em Platão. Assim, por consequência, o objetivo agostiniano é incentivar os homens a salvarem suas almas pelos preceitos da Igreja, a patrística, uma vez que são pecadores, fato inconteste desde o pecado original e consumado pela crucificação de Cristo. Só sob a sujeição do comportamento à ética eclesiástica poderiam os humanos almejar que Deus, no juízo final, os perdoasse. Por seu turno, no pensamento tomista, é possível ver a confluência da autonomia política do homem em direção a Deus. Pelo estudo, escolástica, é possível no trabalho de Sto. Tomás chegar à indubitável existência de Deus e de sua governança universal de todas as coisas, bem como da sua vontade em que os homens usem do seu livre-arbítrio, consignado pelo sacrifício de Cristo, ainda que tal lhes traga maior responsabilidade para o julgamento final, pois quem tem maior liberdade deve responder com maior responsabilidade por suas condutas.

Pode-se ver, portanto, que as filosofias destes dois pensadores cristãos se separam diametralmente e levam os homens a éticas comportamentais bastante diversas: em Agostinho, faça o que fizer, o homem é um eterno pecador e só poderá ser "perdoado" caso suas ações na terra sejam suficientes para que o Senhor se apiede de nós, enquanto em Tomás a "absolvição" depende sim dessas ações terrenas, mas não se pode condenar o homem pelo que faz sem conhecimento, mas tão somente pelo que ele fez com base na sua liberdade. Então o pensamento tomista contém em si a célula mãe do Direito, o fato de que só se pode atribuir responsabilidade, julgar e condenar homens livres, adultos, gozando plenamente de sua personalidade jurídica. Mas ao mesmo tempo esta ideia crava no peito do homem o peso de sua existência, qual seja, a definitiva responsabilidade por sua conduta. Mas mesmo aqui, haverá o julgamento final. E, portanto, a igreja convida a estudar e seguir os ensinamentos tirados das escrituras sagradas, o que perfaz, concretamente, a sujeição do homem ao medo desse julgamento e à necessidade desse pastoreio.

Na sequência seguinte apresentamos excertos da *Sumula Teológica*[12] de Sto. Tomás de Aquino, onde se pode ver como o pensador, trabalhando sempre a partir da filosofia aristotélica e ainda que se proponha a estudar a natureza e a eficácia das leis, o faz convergindo sempre com a existência e vontade divina:

Sobre se a lei é proveniente da razão:

> Respondo dizendo que a lei é uma espécie de regra e medida dos atos, pela qual alguém é levado a, ou impedido de agir: por isso diz-se lei por causa de ligar, já que obriga à ação. A regra e medida dos atos humanos é a razão, que é o primeiro princípio dos atos humanos, como se conclui do que já foi dito, pois pertence à razão ordenar para o fim, que é o princípio do agir, segundo o Filósofo (Aristóteles). Em qualquer gênero de coisas, o que é o seu princípio é ao mesmo tempo a regra e medida desse gênero: assim a unidade, no gênero dos números; e o primeiro movimento, no gênero dos movimentos. Donde se segue que a lei é algo pertencente à razão (Iª Parte da IIª Parte, Questão 90: *Da Essência da Lei Dividida em Quatro Artigos*; Artigo 1: *Se a Lei é Algo da Razão*).

12. Valemo-nos do texto traduzido por José Reinaldo de Lima Lopes, *In* José R. de L. Lopes, Rafael M. R. Queiroz & Thiago dos S. Acca, *Curso de História do Direito*.

## Sobre se a lei visa sempre o bem comum:

> Respondo dizendo, como já foi dito (artigo 1, acima), que a lei diz respeito ao que é o princípio dos atos humanos, porque é regra e medida. Mas assim como a lei é princípio dos atos humanos, assim na razão mesma há algo que é o princípio de tudo o mais. Donde convém que a isto diga respeito de maneira principal e máxima lei. Ora, o princípio na ação, a que pertence a razão prática, é o fim último. O fim último da vida humana é a felicidade ou beatitude, como se disse acima. Donde convém que a lei diga respeito maximamente à ordem da beatitude. De resto, como cada uma das partes e ordena ao todo, assim como o imperfeito está ordenado para o perfeito, e visto cada homem ser parte de uma comunidade perfeita, é preciso que a lei diga propriamente respeito à ordem voltada à felicidade comum. Por isso o Filósofo (Aristóteles), na definição do que diz respeito às leis, mencionada antes, também faz menção à felicidade e à comunhão política. Diz ele na Ética (a Nicômaco), V, que "chamamos justo legal [segundo a lei] o que cria e conserva a felicidade e suas partes particulares na comunhão política". A comunidade perfeita é a cidade, como se diz na Política, I. (...) Donde, já que a lei é assim chamada porque é sobretudo dirigida ao bem comum, convém que algum preceito sobre obra particular não tenha o sentido de lei, a não ser que se dirija ao bem comum. Por isso, toda lei é dirigida ao bem comum (Ibidem; Artigo 2: *Se a Lei é Sempre Dirigida ao Bem Comum*).

## Sobre a promulgação da lei:

> Respondo dizendo que, da mesma maneira que já se disse (artigo 1, supra), a lei se impõe aos outros como regra ou medida. A regra ou medida são impostas ao se aplicar àquilo que é regulado ou medido. Por isso, para que a lei alcance a virtude de obrigar, que lhe é própria, convém que se aplique aos homens que, segundo ela, devem por ela ser regulados. Esta aplicação se faz ao chegar-lhes a notícia da promulgação. Donde ser necessária a promulgação para que a lei tenha virtude (validade, eficácia, reconhecida e força) própria. (...) E assim, dos quatro pontos ditos acima se pode colher a definição da lei, que nada mais é do que certa ordenação da razão para o bem comum promulgada por aquele a quem compete o cuidado da comunidade. (...) Ao primeiro [respondo], pois, dizendo que a promulgação da lei da natureza está no fato mesmo de Deus a ter inserido nas mentes dos homens para que naturalmente a conheçam (Iª Parte da IIª Parte, Questão 90: Da Essência da Lei Dividida em Quatro Artigos; Artigo 4: Se a Promulgação é da Razão da Lei).

## Sobre a lei natural:

> (...) é inerente ao homem a inclinação ao bem segundo a natureza racional, que lhe é própria, e assim o homem tem uma inclinação natural para conhecer a verdade a respeito de Deus e para viver em sociedade. Dessa maneira, pertence à lei natural aquilo que diz respeito a essa inclinação, como evitar o homem viver em ignorância

(sobre Deus), que não ofenda os outros com quem deve conviver, e tudo o mais que semelhantemente diz respeito a isto (Iª Parte da IIª Parte, Questão 94: *Da Lei Natural Dividida em Seis Artigos*; Artigo 2: *Se a Lei Natural Contém Vários Preceitos ou Apenas Um*).

**PARADIGMA 6:** O brilhantismo de São Tomás de Aquino foi unir Filosofia com Religião, ou livre-arbítrio com juízo final. Este encontro entre homem e Deus foi tão revolucionário que possivelmente salvou o Catolicismo do ostracismo e os cristãos do pecado original. A condição pecadora humana não é útil para a liberdade e tampouco para os negócios. No pensamento tomista os homens têm a liberdade de opção e de desenvolver a governabilidade pelo artifício da razão. O Direito, tanto o positivo como o natural, é derivado da razão, portanto, dádiva divina necessária ao governo dos homens. Mas, se existe liberdade dos homens se autogovernarem, existe ainda a necessidade da justiça e da ética das condutas, porquanto, no juízo final, Deus julgará essas condutas.

**PROBLEMA:** Se por um lado o homem tem o livre-arbítrio para desenvolver seu ordenamento jurídico e demais estatutos morais, por outro, não poderá mais alegar, no juízo final, que "não sabia" ou que "não tinha liberdade de escolha". Efetivamente ainda hoje é premissa fundamental para o Direito que só pode ser imputado aquele cuja condição é de sujeito jurídico pleno, isto é, gozar livremente suas faculdades e direitos. Você deve perceber que a teoria do livre-arbítrio acarreta maior responsabilidade ética, e que, apesar da liberdade, o homem continua preso ao finalismo do julgamento de Deus, o que implica de novo a "ética do medo".

**EXERCÍCIO:** Pesquise o fato histórico chamado de Contra-Reforma e tente relacionar a importância do pensamento de São Tomás para esse acontecimento.

**LER:** O "Sermão das Chagas de São Francisco" do Pe. Antônio Vieira.

**VER:** Filme "O Advogado do Diabo" (1997) do diretor Taylor Hackford.

Não é ruim que o respeito ao Outro, a dignidade humana e a conduta na vida coletiva, derivem do paradigma religioso, cristão ou não cristão. Por outro lado, também não existe motivo algum para o extremismo laico: se o Ser em sua construção aceita o Outro como máxima universal de seu comportamento ético a partir de bases religiosas, cristãs ou outras, não existe motivo algum para que algo assim seja negado ou descartado. Não se mostra inteligente e não tem qualquer justificativa racional fugir do fundamentalismo religioso para se cair nas armadilhas do fundamentalismo laico. Os fundamentalismos sejam quais forem, são sempre armadilhas contra a razão e costumam levar os homens a ardis piores que aqueles que pretendem combater.

Ao mesmo tempo, é inegável que a Modernidade ao colocar a supremacia das tecnociências na vida humana produziu toda uma série de poderes, hoje incontroláveis. Outrora as guerras e os massacres foram justificados pela fé, apesar do medo do juízo final e por causa dele. Depois astecnociências nacionalistas perpetraram genocídios igualmente incontroláveis e deploráveis, e declararam na prática o fim de Deus. Hoje tecnociência se une às justificações religiosas para eternizarem o terror, apesar de todo o conhecimento que temos.

Capítulo

# 4

# A ÉTICA NO ILUMINISMO

Quando a revolução antropocêntrica do Renascimento sucede ao medievo, a noção de uma conduta ética com base nas necessidades e no respeito aos direitos humanos, intensifica-se. Seja por meio de um Jusnaturalismo inato (Grócio; Pufendorf; Domat) ou empírico (Locke; Rousseau), especialmente os séculos XVI, XVII e XVIII assistiram ao desenvolvimento de filosofias que reforçam uma ética que aponta para projetos sociopolíticos coletivos.

Em alguns casos, estes projetos de sobrevivência material chegam a construir "utopias" verdadeiramente comunitárias (*Do Contrato Social*, de Rousseau; *Utopia*, de Thomas Morus; *A Cidade do Sol*, de Tommaso Campanella). Neste período a preocupação com o bem-estar coletivo e felicidade geral impõem-se como objetivos primordiais dos sistemas políticos e econômicos em discussão. Nas propostas jurídicas o Direito e suas funções inerentes à organização social aparecem com propostas tão "restaurativas" que até hoje nos perguntamos o porquê de sua inexequibilidade (a preocupação de Cesare Beccaria em Dos delitos e das Penas).

## 4.1. A ÉTICA PRAGMÁTICA DE ROUSSEAU E HUME

A estética deste período de desenvolvimento intensivo das potencialidades e engenho humano aponta, de forma esplendorosa, para uma autossuficiência da razão e do Ego dos homens, e isto lhes dá a devida dimensão de suas responsabilidades em relação a seus semelhantes. É como dissessem: já que rompemos com o divino e sagrado, já que conquistamos o livre-arbítrio, não nos resta alternativa senão colocar a liberdade a construir um mundo de todos. Esta herança do período renascentista é tão forte que nos séculos seguintes, até hoje, inspira os pensadores e os cientistas na preposição de uma consciência ética a afirmar que todo o conhecimento só se faz efetivamente importante se for colocado responsavelmente a serviço do bem coletivo e da felicidade de todos. Esta consciência ética, todavia, só triunfará diante da emancipação definitiva do homem, enquanto Ser compelido pelas necessidades de sobrevivência material, à tirania do trabalho do ponto de vista puramente econômico. Desta tirania do trabalho econômico, especializado, sobrevém uma infinidade complexa de misérias humanas, por exemplo, destruição da natureza e exploração do homem pelo homem.

Vemos esta preocupação em Jeremy Bentham (1748-1832): a máxima ética a dirigir a estética do Estado – e agora o Estado já começa a aparecer como entidade principal na construção e organização social –, seria "(...) aproximadamente como aquela que encerra a maior felicidade possível para a maior quantidade possível de pessoas" (*In* Wilhelm Dilthey, *Sistema de Ética*, 1994: 38).

Já em John Stuart Mill (1806-1873) o axioma se traduz da seguinte maneira:

> (...) o fim último de todo agir humano, ou seja, o máximo bem no sentido da filosofia antiga, é – tanto para o indivíduo como para a espécie – uma existência na medida do possível, livre de dor e repleta de alegria; ambos os conceitos entendidos do ponto de vista tanto da quantidade como da qualidade, e de onde, naturalmente, decide o juízo daqueles cuja experiência é a mais rica e cuja consciência é mais madura. Esse fim último do agir é necessariamente, ao mesmo tempo, critério de eticidade (***In*** Wilhelm Dilthey, ***Sistema de Ética***, 1994: 45).

Estes autores, Bentham e Mill, fazem parte da escola conhecida como *Utilitarismo*. Modernamente esta mesma ideia de que o poder público - Estado - não dispõe de todas as condições e recursos necessários a suprir as demandas sociais, amplamente garantidas na Constituição, fez com que os doutrinadores formulassem a teoria do 'mínimo existencial' ou 'reserva do possível'. Pelo princípio da igualdade não pode as políticas públicas se destinarem apenas a uma parcela da população. O que for feito para uns deve servir a todos. Mas para atender a todos o poder público, pelo princípio de escassez endêmica de Bentham e Mill (também a teoria dos 'rendimentos decrescentes' de Malthus), não possui recursos suficientes. Então o 'mínimo existencial' fica sempre prejudicado principalmente em relação ao atendimento preferencial que se deveria fazer às camadas mais carentes da população. O que normalmente o Estado faz, com vistas a evitar a expansão das garantias constitucionais a todos, é procurar efetuar obras e seviços que os cidadãos não possam reclamar como privativas ou classistas. Por exemplo, a construção de um hospital em uma comumidade carente aparece como benefício para uma camada da sociedade, enquanto asfaltar uma grande avenida da cidade parece satisfazer a todos, obviamente com o devidendo político-eleitoral correlato.

Com David Hume (1711-1776) se compõe a mais pragmática visão inglesa no que tange à funcionalidade, a um tempo, da ética e das instituições estatais. Como que dois pilares sustentando a vida social, de um lado a ética e de outro o Direito, o empirismo da sobrevivência coletiva produz todos os valores e os institutos necessários a essa sobrevivência. Não existe, pois, espaço para princípios que não encontrem utilidade no seio da coletividade, sejam eles valores ou condutas. Este pragmatismo fica por conta de certa noção de "dirigismo" estatal que virá a influenciar no íntimo de suas convicções o indivíduo.

O utilitarismo de Hume é um exemplo importante do sócio-empirismo na medida em que a grande circunstância e motivação para a confecção de um ordenamento jurídico estável é a utilidade da lei, e se reserva à moral um papel importante na convivência humana, ainda assim esses valores morais derivam da utilidade que têm para a coletividade.

Qual o grande valor moral a orientar as condutas humanas meio ao coletivo? A Justiça! Então este é o grande motivo dos homens produzirem valores e leis para se guiarem e orientarem uns em relação aos outros: a equidade e a certeza que o mérito neste sentimento é indiscutível. Obviamente este sentimento, esta percepção de equidade pressupõe homens em relações de comunidade, e por ser útil a essa convivência ela é ensinada e passada a todos os membros do grupo.

> Conclui-se de tudo isso que não temos nenhum motivo real ou universal para observar as leis da equidade, a não ser a própria equidade e o mérito dessa observância; e como nenhuma ação pode ser equitativa ou meritória quando não pode surgir de algum motivo separado, há aqui um evidente sofisma e raciocínio em círculo. Portanto, a menos que admitamos que a natureza estabeleceu um sofisma, tornando-o necessário e inevitável, devemos admitir que o senso de justiça e injustiça não deriva da natureza, mas surge de maneira artificial, embora necessária, da educação e das convenções humanas... (David Hume, *Tratado da Natureza Humana*, V. II, Livro III, Dos Costumes, Parte II, da Justiça e da Injustiça, Seção I: Justiça, uma virtude natural ou artificial? *In* Clarence Morris. *Os Grandes Filósofos do Direito*. Tradução de Reinaldo Guarany, 2002: 191).

De qualquer forma, esta exterioridade sociovalorativa de que nos fala tal utilitarismo tem um ideal: o bem-estar comum, que em muitos casos se dirige a um tipo de socialismo utópico. Estes autores, se por um lado tendem a reduzir a ética à experiência puramente sensitiva, seguindo as pegadas de Epicuro, por outro, elaboram os fundamentos modernos da governabilidade, a eficácia em suprir em condições ótimas as necessidades dos homens, com o auxílio do desenvolvimento do conhecimento e tecnologias humanas. É neste sentido que se pode ver no utilitarismo o princípio do entendimento da moderna funcionalidade estatal: eficiência em prover o bem-estar social. Também, portanto, a mesma essência de uma postura ética identificada com o bem coletivo, logo a possibilidade de contestação se esse bem-estar não for atendido.

*O limite do utilitarismo, no entanto, está na dimensão burguesa que o envolve. A construção das premissas utilitárias éticas e funcionalidades das instituições estatais com vistas ao bem comum esbarram, necessariamente, na utilidade privada que o poder burguês logo fará prevalecer.* Enquanto discurso o utilitarismo foi útil à burguesia enquanto serviu para derrubar e tirar do caminho os resquícios da ordem eclesiástica feudal e da aristocracia monárquica. Mas quando o discurso da máxima felicidade esbarra com o direito à propriedade privada e o direito sucessório, conclui-se pela sua adequação e submissão às instituições da nova ordem burguesa a inviabilizar a democracia social plena.

Neste contexto, o embate entre as posições fixadas por John Locke (1632-1704) e Jean-Jacques Rousseau (1712-1778) é de máxima importância e vai definir o modelo das sociedades modernas e seu enfrentamento possível. A nosso ver, contudo, uma Filosofia Ética contemporânea não pode ser confundida com a Ética da Responsabilidade, que mesmo antes de Jean-Jacques Rousseau, o pensamento grego já havia desenhado como ideal humano. Isto porque há que se salientar o divórcio entre o que a lei pretende e o que é decente, porque nem sempre o prescrito é justo ou capaz de fazer justiça no caso concreto. Por outro lado, existe, muitas vezes, um divórcio real entre o que a lei almeja e o que efetivamente o jurídico realiza. Muitas vezes é preciso rejeitar a lei injusta, imprópria, interesseira, que não provém do coletivo e não atende às necessidades desse coletivo; repudiar a decisão do jurídico quando avilta o senso de justiça e equidade, quando atende a *justo particular* e não ao *justo total* aristotélico.

Assim como em Aristóteles, Rousseau retoma o "homem político" (*politikon zoon*) e cria o conceito de *Vontade Geral* (*volonté générale*). Muita confusão ainda paira sobre a obra de Rousseau, não sem motivo, pois sua obra tem tanto de genialidade como de controvérsia. Podemos citar pelo menos dois dos enganos mais comuns: 1) a ideia do "bom selvagem" ou o mito da volta a uma natureza humana idílica pré-propriedade, e 2) a comparação da "vontade geral" com o conceito de "voto majoritário". Não existe qualquer possibilidade de os homens construírem a sobrevivência coletiva a partir de retrocessos históricos, nem para a construção de utopias de um "estado de natureza" harmonioso, nem tampouco a construção de uma "vontade geral" que não parta da opção individual pela ética e pelo civismo que dela se possa fazer necessária. É necessário elucidar estes dois pontos em Rousseau.

O pensamento de Rousseau tem no *construto* contratualista seu fundamento. De um "estado de natureza" que se pode visualizar como harmonioso alguém se propôs cercar uma quantidade determinada de terra e defender o direito soberano sobre esse pedaço, dispondo dele da forma como melhor lhe conviesse legando esse direito indefinidamente para os seus. Ao fazer isto, diz Rousseau, nasceu a propriedade e com ela findou o sentimento e a prática comunitária; nasce a sociedade civil e junto todas as mazelas e desavenças que a partir de então levam os homens a aviltarem sua dignidade humana, a matarem, a extorquirem, a pilharem, a guerrearem, a traírem, a mentirem etc., e com isso nasce o Direito.

Na obra *Discurso Sobre a Origem e os Fundamentos da Desigualdade Entre os Homens*, tem-se a sensação que o ato que poderia ter evitado tantos males, o naufrágio e o genocídio espiritual e material humano, seria o primeiro ato de "justiça" cívica: era preferível o banimento daquele primogênito instituidor da propriedade do que terem os homens aceitado a cerca e o fosso que usurpava a terra à coletividade.

> O verdadeiro fundador da sociedade civil foi o primeiro que, tendo cercado um terreno, lembrou-se de dizer isto é meu e encontrou pessoas suficientemente simples para aceitá-lo. Quantos crimes, guerras, assassínios, misérias e horrores não pouparia ao gênero humano aquele que, arrancando as estacas ou enchendo o fosso, tivesse gritado a seus semelhantes: 'Defendei-vos de ouvir esse impostor; estareis perdidos se esquecerdes que os frutos são de todos e que a terra não pertence a ninguém!' (Jean-Jacques Rousseau. *In* Os Pensadores, 2. ed., 1978: 259).

Portanto, antes de mais, precisamos entender que os homens assentiram com a servidão, e que esta se instaura ainda no "estado de natureza", quer dizer que nesse estado já se começam a consolidar os mecanismos da servidão aceita. Nada idílico para quem vê nesse período apenas paz e harmonia (de Locke às seitas atuais pouca distância existe quanto a esta fantasia).

Instaurada, portanto, a desigualdade, que só fez crescer a partir do aumento das famílias e da divisão do trabalho, os homens correram para um "pacto" que lhes pareceu ser a forma adequada para acabar com a servidão e submissão entre si, e entre si e os detentores do poder. Correram "todos ao encontro de seus grilhões, acreditando assegurar sua liberdade". Mas esse primeiro "contrato social" foi iníquo, e ao invés de acabar com a servidão e desigualdade acabou por reforçá-la enfraquecendo mais os fracos e fortalecendo mais ainda os poderosos. Por quê? Porque não basta os homens imaginarem que podem resgatar a igualdade e acabar com a servidão se não for pela adesão ao bem comum, vale dizer, todos precisam absolutamente e a um tempo abdicar dos excessos que possuem para que se resgate aqueles que nada possuem. Claro que Rousseau está pensando na propriedade, nos bens materiais, mas, sobretudo, nas posses espirituais, notadamente o poder político. É neste ponto que o conceito de "vontade geral" se agiganta como fundamento de sua teoria política. De antemão se percebe que existe um contrato social que não funcionou, pelo menos se a intenção era fazer leis que resgatassem a igualdade e colocassem fim à servidão e exploração humanas.

A obra *Do Contrato Social* é uma segunda tentativa, por assim dizer, de fazer *jus* a essa busca pela equidade. Então, também aqui se vê que Rousseau jamais afirmou que deveríamos resgatar uma natureza perdida, uma fuga para trás. Precisam os homens encontrar respostas e soluções a partir do presente: se a servidão e submissão são construções humanas, também está na esfera dessa mesma construção a alternativa e correção de rumo.

> O homem nasce livre, e por toda a parte encontra-se a ferros. O que se crê senhor dos demais, não deixa de ser mais escravo do que eles. Como adveio tal mudança? Ignoro-o. Que poderá legitimá-la? Creio poder resolver esta questão (Idem. 2. ed., 1978: 22).

Que propõe então Rousseau? De forma resumida, não se erra a dizer que a proposta é o respeito em todas as esferas à "vontade geral" como *consenso* e não como *voto majoritário*. A diferença é evidente, apesar de até hoje muitos pretenderem confundir estes conceitos: o *consenso* pressupõe que a decisão tomada é aceita por todos, o que só se verifica normalmente após vários e sérios questionamentos e interpelações entre os membros da comunidade, o que enseja uma democracia direta. O *voto da maioria*, ainda que tenha passado por idêntico processo, o que é mais raro, sempre deixará de lado a opinião e os interesses naturais de alguém ou de algum grupo, problema sempre presente nas democracias indiretas ou representativas.

Ora, é evidente que um "contrato social" que parta da maioria não abrange a todos e assim, lenta e sutilmente o poder "interpreta" a vontade da maioria pelas intenções interesseiras da minoria, não aquela que foi alijada da decisão, mas da minoria que tem poder. Isto é tão simples de ser observado, desde a reunião de condomínio até os altos escalões do governo, que é fácil confundir o pensamento de Rousseau. Em princípio, a "vontade geral" que pressupõe *consenso* exige, no nível de um pacto social maior, que todos os membros estejam dispostos a abdicarem algo do que têm – que para a maioria deles sempre será pouco, independentemente daquilo e do quanto efetivamente seja – em prol do mínimo comum que resgate a dignidade humana acabando com a dominação e exploração contínua que daí advém, em suma, abdicar de parte das posses e essencialmente de certa liberdade que essas posses parecem fornecer, em benefício do bem comum. Eis o verdadeiro sentido do "contrato social" proposto por Rousseau, em oposição ao que se diz existir.

Isto é possível? Para muitos até Rousseau parece duvidar dessa exequibilidade.[13] Mas a questão da "propriedade e liberdade irrestrita" não pode existir quando se pensa em coletividade: se todos têm esse mesmo direito, ela termina quando começa a do outro. Mesmo no âmbito da "liberdade possível", quando é resultado de desigualdade e dominação, não é eticamente aceitável. De certa forma é isto que Rousseau procura desmitificar, mostrando que, em verdade, se todos têm sua liberdade limitada pelo convívio, todos são igualmente iguais e, portanto, a liberdade de cada um está assegurada quando abdicarem individualmente da liberdade irrestrita, para poderem ser efetivamente donos de si mesmos de acordo com a vontade geral, e não pela servidão a um senhor, a um governante, à tirania do poder econômico, e político de todas as ideologias e regimes. É uma perda em favor do coletivo, é uma estética que pressupõe uma ética cidadã.

Diferentemente do que se pensa Rousseau não advogou o fim da propriedade, mas a submissão das leis e do ordenamento jurídico a essa "assembleia geral" onde todos os votos são igualmente soberanos e onde todos os cidadãos decidem as formas de existirem e produzirem suas estratégias de sobrevivência e de desenvolvimento espiritual. Não é a volta a nenhum "estado de natureza" comunitário, mas a democracia social plena e direta. Os representantes, neste caso, são apenas os administradores da coisa pública, executores de políticas públicas que essa assembleia de iguais, até por se verem iguais na assembleia, possuem a soberania indivisível do poder. Nem o saudosismo utópi-

13. "A considerarmos os próprios textos de Rousseau, deparamo-nos com uma certa incredibilidade quanto à recuperação da liberdade por povos que já a perderam completamente. Sua visão da história é pessimista". (Milton Meira do Nascimento, *In Rousseau:* da Servidão à Liberdade, 13. ed., 2001: 198. v. 1 – Os clássicos da política.).

co de um "bom selvagem", nem a utopia anárquica de sem governo. Não é o fim do Estado, mas também não é a representatividade e a divisibilidade de poderes que usurpa do povo a soberania. *Não existem soberanos acima do povo, não existe voto majoritário acima da assembleia, não existe poder acima da coletividade, não existe ordenamento jurídico além do desejável pela comunidade. Tudo isso, porque não pode haver algo superior ao superior ato humano de ter a liberdade de abdicar dela em nome do bem comum, comum a todos sem exceções! Evidentemente: a isto corresponde necessariamente uma Responsabilidade Ética enorme.*

Neste sentido afirmava Rousseau:

> Se separar-se, pois, do pacto social aquilo que não pertence à sua essência, ver-se-á que ele se reduz aos seguintes termos: 'Cada um de nós põe em comum sua pessoa e todo o seu poder sob a direção suprema da vontade geral, e recebemos, enquanto corpo, cada membro como parte indivisível do todo'. Imediatamente, esse ato de associação produz, em lugar da pessoa particular de cada contratante, um corpo Moral e coletivo, composto de tantos membros quantos são os votos da assembleia, e que, por esse mesmo ato, ganha sua unidade, seu eu comum, sua vida e sua vontade (Jean-Jacques Rousseau. *Do Contrato Social. In* Os Pensadores, 2. ed., 1978: 33).

Na consideração de Lourival Gomes Machado, "Como o contrato, essa "assembleia" e esses "votos" não têm existência concreta, mas apenas simbolizam a tomada de consciência de sua condição pelos componentes do corpo social" (conforme nota da edição da "Coleção Os Pensadores", Jean-Jacques Rousseau. *Do Contrato Social.* 1978: 33). Entrementes, o ideário de Rousseau serviu de corolário ideológico para a Revolução Francesa (1789) e embalou os corações e as mentes dos revolucionários. Ainda hoje é assim. A grande questão sempre foi: como construir uma assembleia assim, onde todos os homens estivessem dispostos à unanimidade do consenso, em serem grandes pela atitude espontânea de se "diminuírem", ou de terem tudo o que racionalmente é próprio se ter escolhendo altruisticamente a deixar de ter o "pouco" que lhes provoca tanta desgraça e desumanidade? O pensamento de Jean-Jacques Rousseau é próprio de grandes revoluções, mas nem estas almejaram chegar a tanto. Eis o problema que uma *"Personalidade Ética"* vê: não é apenas pelo coletivo, também pela opção individual que se precisa resgatar a ética da responsabilidade social. Infeliz-mente, a "vontade geral" não pare-ce ser fática, não é algo fácil de ser alcançado.

**PARADIGMA 7:** O liberalismo burguês prima pela recusa do intervencionismo estatal, mas deixa a desejar quando se trata de prover a todos os cidadãos as condições mais elementares de igualdade. Foi nisto que Rousseau se antecipou, ao afirmar que "liberdade sem igualdade não atende à vontade geral", e que nenhuma assembleia de homens faria um contrato social para efetivar a dominação e exploração entre os homens. Assim, um sistema de ética só faz sentido se a igualdade entre os homens for resgatada.

**PROBLEMA:** Se é indiscutível que um contrato social não pode instituir a liberdade em detrimento da desigualdade, é indiscutível também que a igualdade tende a produzir sistemas políticos sem liberdade. Justiça social plena com liberdade sempre foi o grande desafio dos sistemas políticos e a sua conquista seria o expoente máximo da Moral e da ética. Jamais poderá existir ética enquanto, à custa da miséria e exploração humanas, o gozo da liberdade seja apenas para alguns.

**EXERCÍCIO:** Imagine que um dia você chega a um hospital e descobre que os médicos estão em greve. Os médicos estão em greve porque o hospital faz uma semana que não é adequadamente higienizado. Isto acontece porque os faxineiros estão em greve. Os faxineiros estão em greve porque, dizem eles, a direção do hospital recusa a aumentar o direito de seus familiares serem atendidos no hospital – o hospital só atende os próprios funcionários. O hospital é um dos mais conceituados da cidade, e só atende aos planos de saúde privados. Faça a análise da situação, o sistema de ética envolvido, utilize a ética em Rousseau e compare com outro autor estudado.

**LER:** O livro "A Revolução dos Bichos" de George Orwell.

**VER:** Filme "Danton – O Processo da Revo-lução" (1982) do diretor Andrzej Wajda.

Os homens se escolhem e escolhem seu comportamento coletivo a partir de interesses que essa mesma coletividade, esse outro "seu semelhante", nas estratégias coletivas de existência, sobrevivência e reprodução instintiva e espiritual, lhe colocam amiúde e constantemente. Infelizmente, Rousseau estava certo em seu ceticismo: o gosto pela liberdade é mais amargo do que o gosto pelas coisas, pela soberba, pelo poder. Não é obedecer primeiro, ainda que seja a uma assembleia popular; é necessário desobedecer como forma de reformular a ética e a ética do Ser, para depois, então, quiçá, se possa chegar à assembleia despossuídos da mesmice falta de imaginário coletivo e comunitário.

Não é possível começar por um contrato social; há que se começar por nós mesmos. O próprio Rousseau reconhece as iniquidades do poder, dos governos e das leis.

Sem querer cair na redução econômica de Mancur Olson[14] quanto às expectativas da ação coletiva, o fato é que a fragilidade de todas as teorias revolucionárias de massa tem degenerado exatamente naquilo que Rousseau tanto combateu: a tirania. Não se trata da Ética da Responsabilidade da vontade geral, não se parte dela e não se enxerga possibilidades de mudanças no Ser e nos espíritos dos homens a não ser pela autorreflexão diante da tirania do homem sobre o homem, concretizada depois no poder de Estado. A ética acredita não existir mudança possível em favor do bem comum se não for pelo desprendimento do Ser. Isto, contudo, não significa que seres autodeterminados, na luta em favor de uma democracia social efetiva, imbuídos de interesses coletivos maiores, não possam conseguir alhures força de massa capaz de reverter as condições de injustiça social e descaso governamentais dos Estados, como é o caso entre nós dos Conselhos de Bairro, Conselhos de Segurança e Comunitários.

*O que é difícil enxergar é que a soberania do povo, paradoxalmente, não está no todo, mas no poder de cada um em não querer ser poder.* Isto aproxima, sem dúvida, Rousseau de uma *"Personalidade Ética"*, mas se afasta porque não se vai à assembleia celebrar nenhum contrato. Cada um precisa ir a si mesmo, e ao arbítrio, à prepotência, à arrogância desses micropoderes e dos de Estado, indignados, cada um em si mesmo, com suas próprias armas individuais, sua consciên-

14. Mancur Olson (1932-1988). *A lógica da Ação Coletiva*, 1999. A tese fundamental de Olson é que não existe interesse em iniciativas individuais para proveito coletivo, uma vez que, conquistado um novo direito ou benefício, do poder público ou de qualquer tipo de agremiação autônoma, este benefício deverá ser estendido a todos os membros da coletividade, mesmo imaginando-se que muitos destes nada possam ter contribuído para a sua obtenção. Assim, a ação política é sempre por interesses pessoais, um cálculo do agente social em que medida seu envolvimento reivindicatório lhe trará realmente benefícios que sejam compensatórios em função de seu esforço pessoal e inclusive em função do não esforço dos demais. Neste sentido é que haveria desinteresse para que os indivíduos participem coletivamente. Desta forma, podemos pensar que, mesmo se excepcionalmente interesses individuais se massificam e aparecem como interesses coletivos, uma vez alcançado o benefício que se almejava, este senso de coletividade cessaria imediatamente, voltando a imperar o interesse individual.

cia ética, até que as massas possam se revelar de forma igual nesta consciência e neste propósito de luta.

Veja-se, por exemplo, o pensamento de Locke (mentor de muitos ideólogos utilitaristas (como Hume) e pai do Liberalismo). Ele apresenta de um lado a veemência de um discurso por direitos humanos inalienáveis e, em consequência, a defesa de um Estado mínimo, e de outro, sob um discurso de igualdade e liberdade, a mais refinada forma de dissimular a verdadeira e histórica existência humana, qual seja a condição de sempre se pautar pela servidão. Pragmatismo e empirismo como ciência social revelam a irrefutável realidade de que o bem-estar e felicidade há muito se perdeu e é uma impossibilidade histórica determinada cientificamente no mundo industrial, notadamente no modo burguês de produção, e só possivelmente superada pelo socialismo democrático. Sem aqui enveredarmos por aprofundamentos outros, foi isto que Rousseau revelou e alterou em Locke. Um não quer mudar a desigualdade e a servidão humanas, tendo como pressuposto que o "estado de natureza" é pacífico e harmonioso. O outro, o revolucionário, precisa do Direito e do Estado para exatamente olvidar a justiça social plena e recuperar a igualdade perdida: preceito ético fundamental de construção da Igualdade como fundamento da Liberdade.

Quando se vê como processo histórico a possibilidade de amadurecimento do espírito humano, almeja-se recolocar a superioridade ética na experiência cotidiana e a partir dela construir uma estética do bem-estar coletivo e justiça social plena. O preceito mais eidético de uma filosofia existencial é a elaboração do Ser tendo por premissa o Outro, o Outro não como entidade divinizada ou por uma espécie de sublimação altruísta, tipo "reflexo psíquico da Moral" de Wilhelm Dilthey (1833-1911) (ob. cit.), mas como entidade concreta que suporta em si a construção bilateral de cada Ser em suas estratégias concretas de sobrevivência material, coletiva.

Neste sentido, a genealogia da decência até aqui apresentada em vários autores, aponta em duas direções importantes: a) a relevância do Outro como personagem preferencial na construção de uma ética do Ser, enquanto ente personalíssimo, e do Direito, enquanto instituição estatal; e b) a relevância desse mesmo Estado e suas instituições, como o Direito, no sentido de promover preventivamente a cidadania pelo acesso equidistante ao usufruto das potencialidades do conhecimento técnico-científico acumulado pela humanidade, de forma coletiva e comunitária. Até num tipo de filosofia pragmática e utilitária essas premissas se espalham amiúde nas intenções teorizadas pelos diversos pensadores. Neste sentido, não nos devemos iludir quanto aos perigos da centralidade da Igualdade sobre a Liberdade cuja prevenção e melhor solução apresentada pela Filosofia Política é remeter tais aspectos à coletividade organizada e democraticamente participativa.

## 4.2. A ÉTICA JUSNATURALISTA DE PUFENDORF E DOMAT

O movimento jurídico renascentista começa com a premissa defendida inconteste por Hugo Grócio (1583-1645), que os homens possuem direitos inalienáveis oriundos de sua condição humana, afirmativa que remete a uma universalidade estética, uma ética que não considera desvios que discriminem indivíduos em qualquer lugar sob que condições econômicas, políticas, raciais e culturais estejam sujeitados. Grócio dizia que mesmo que Deus não existisse o Direito Natural dos homens continuaria a existir. Afirmações como esta colocaram o Direito Natural em rota de colisão, inicialmente, com a igreja, que via nele a negação da existência Divina. Obviamente que o que Grócio precisava era que o Direito Natural não dependesse dos preceitos religiosos e não derivassem de Deus, mas sim da construção racional dos homens. No entanto, Grócio foi perseguido porque, em última análise, o que o seu jusnaturalismo estava colocando em foco era que a religião e a fé não faziam parte da esfera político-jurídica (como preconizado, em outros termos, um pouco antes, por Nicolau Maquiavel (1469-1527)).

Apesar das dificuldades, outros autores seguiram as ideias jusnaturalistas, como Samuel Pufendorf (1632-1694) e Jean Domat (1625-1696). Este Jusnaturalismo Inato, o da condição humana, afirma que nenhuma circunstância pode levar a razões de Estado que aviltem o ser humano em sua dignidade e direitos, à felicidade e bem-estar inconteste. Esta racionalidade que eleva os direitos do humano a uma potencialidade político-jurídica universal, não está colocada, todavia, como categoria espiritual, mas como racionalidade e potencialidade abstrata da inteligência humana, o que sempre foi, e ainda é contestado pelo Direito Positivo de Estado. Ainda assim, o fato é que desde o século XVI, pelo menos, a noção de direitos humanos invioláveis tem sido uma bandeira que se levanta sempre que o Estado esquece o humano como razão de sua existência.

Pufendorf foi virtuoso, na esteira de Tomás de Aquino, em fundir a origem das coisas e a superioridade do Divino, com as leis naturais que orientam a vida social para os homens. Na obra *Dos Deveres do Homem e do Cidadão de Acordo com a Lei Natural,*[15] *Pufendorf escreve:*

> As leis desta sociedade (socialitas), leis que ensinam a conduzir-se de modo a se tornar um membro útil da sociedade humana, são chamadas leis naturais.
>
> Os preceitos restantes podem ser considerados nada mais do que subsunções a esta lei geral. Sua evidência impõe-se a nós pela luz natural inata dos homens.
>
> A natureza do homem, portanto, é constituída de tal modo que a humanidade não pode viver segura sem a vida social, e a mente humana é capaz de ideias que servem a tal propósito. É também claro que a humanidade, como as outras criaturas, deve sua origem a Deus, e que seja lá qual for sua condição atual, está determinada pelo governo da Providência divida. Segue-se que Deus deseja que o homem use, para sua preservação, os poderes que tem conscientemente para superar os animais; e Ele também quer que a vida humana seja diferente daquela vida sem lei dos animais.

Já Jean Domat distingue o caráter imutável e universal das leis naturais, base da convivência harmoniosa, e as leis arbitrárias, desenvolvidas para cuidar de questões contextuais, que buscam soluções para os problemas cotidianos, e que são aquelas instituídas pelos soberanos. É importante notar que Domat considera arbitrárias mesmo as leis que surgem da autoridade legítima, pois a natureza das leis naturais é tão inata ao homem em sua necessidade de convívio que isto basta para distinguir de todas as outras leis postas, leis que muitas vezes nenhuma relação mantém com os direitos naturais.

> Todas as diferentes ideias que se podem conceber das diversas espécies de leis que se expressam pelos nomes de leis divinas e humanas, naturais e positivas, de religião ou de polícia, de direito das gentes,

15. Valemo-nos do texto traduzido por José Reinaldo de Lima Lopes, *In* José R. de L. Lopes; Rafael M. R. Queiroz & Thiago dos S. Acca. *Curso de História do Direito*.

> de direito civil e todos os outros nomes que lhes possamos dar, reduzem-se a duas espécies, que compreendem todas as leis da natureza: uma, as leis que são imutáveis, e a outra, as leis que são arbitrárias.
>
> As leis imutáveis são assim chamadas porque são naturais e de tal forma justas sempre e em todo lugar, que nenhuma autoridade as pode alterar nem abolir; e as leis arbitrárias são aquelas que uma autoridade legítima pode determinar, mudar e abolir conforme a necessidade.
>
> Estas leis imutáveis ou naturais são todas as que são a consequência das duas primeiras (ter sido o homem criado à imagem de Deus e procurar, por isso, amarem-se uns aos outros) e que são de tal modo essenciais aos compromissos que dão forma à ordem social que não seria possível alterá-las sem arruinar os fundamentos desta ordem; e as leis arbitrárias são as que podem ser feitas de forma diferente, mudadas e até mesmo abolidas sem violar o espírito das primeiras leis e sem ferir princípios da ordem da sociedade (Jean Domat. *As Leis Civis, Tratado das Leis.* Capítulo XI. Da Natureza e Espírito das Leis e de Suas Diferentes Espécies).[16]

**PARADIGMA 8:** O Direito positivo, escrito a partir da razão e da lógica do homem, busca ordenamento para a convivência. Os direitos da condição humana foram formalizados sob a tutela do Estado a procurar um poder externo aos homens capaz de harmonizar suas contendas. Nesta codificação várias escolas jurídicas se esforçaram em dizer como tal formalização deveria ser efetuada, buscando o caráter científico para o Direito. Com o passar do tempo, e sob interesses de grupos e do Estado, os direitos naturais, que também são produto da razão humana, foram e ainda são muito esquecidos e deturpados. Logo, a validade de um sistema de ética precisa se ater a esses direitos inalienáveis e universais da condição humana.

**PROBLEMA:** O homem aceita restrições às suas demandas em nome de direitos naturais? Nós sempre procuramos saber "onde está escrito". Devemos pensar que o direito posto pode ser uma armadilha contra nós mesmos, de tanto exigirmos a intervenção do Estado na regulação da vida ele esquece nossos direitos como pessoas e como cidadãos.

**EXERCÍCIO:** Pesquise sobre o instituto da "Tutela Antecipada" no Código Civil brasileiro e julgue procedente ou não o caso de "doação de sangue", onde os familiares de um paciente não autorizam a transfusão. Lembre-se que a lei exige a reversibilidade da decisão provisória do juiz.

**LER:** A "Declaração Universal dos Direitos Humanos" da ONU.

**VER:** Filme "O Tempero da Vida" (2003) do diretor Tassos Boulmetis.

16. Idem nota 15.

Para alguns autores o Contra-tualismo é também Jusnaturalismo. Concebem que o "estado de natureza", conceito usado pelos contratualistas, também remete a uma concepção jurídica naturalista. O jusnaturalismo "inato", contudo, vê no homem um ente portador natural de substância ética, como inato à sua condição humana e à igualmente natural necessidade de subsistir no meio social. O conceito de "estado de natureza", para todas as formas, representa na teoria contratualista um estágio de socialidade anterior à sociedade jurídica propriamente dita, porquanto ainda inexiste o "contrato social". Só após o "contrato social" existe no pensamento contratualista uma sociedade política ou civil. Assim, o jusnaturalismo de que nos falam os autores das teorias contratualistas, é um jusnaturalismo "empírico-social".

No jusnaturalismo empírico-social os direitos e as leis derivam da convivência social e diretamente da utilidade que têm para a coletividade. Diferentemente, no jusnaturalismo inato os direitos e as leis derivam daquilo que é a substância moral, mais essencial e que constitui por si mesmo a qualidade de caráter dos homens enquanto seres distintos de tudo o mais que existe na natureza. Portanto, em termos de prospecção dos comportamentos e condutas dos homens, uma ética deriva fundamentalmente da socialidade, das práticas reais e concretas de sobrevivência coletiva, e outra ética deriva da condição e de uma qualidade intrínseca ao ser humano, a compreensão de sua direção sempre ao bem e ao bem-estar com os seus semelhantes. Neste segundo caso, o do jusnaturalismo inato, ou dos diretos da condição humana, é a sociedade que acaba reconhecendo no caráter humano o fundamento da convivência, enquanto naquele, no jusnaturalismo empírico-social, a própria essência e conduta ética é formatada a partir da convivência.

## 4.3. A ÉTICA DAS MÁXIMAS MORAIS DE KANT

No século XVIII, apogeu do Iluminismo, Kant e Hegel vão propor e inaugurar uma crítica ao utilitarismo inglês e às esperanças revolucionárias francesas. De várias formas, o criticismo do primeiro e o idealismo do segundo recolocam o homem, em sua essência espiritual, como centralidade filosófica. Não o Direito ou o Estado, mas o Homem. Aqui, mais do que nunca a Filosofia alemã procura autonomia da Política, e neste sentido, empreende uma oposição ao mundo moderno que já se avizinhava por toda a Europa e América. O humanismo iluminista dos filósofos alemães, ao seu modo, antecipa a fatalidade humana enredada nas armadilhas das tecnociências do mundo industrial moderno e de mercado.

Em Immanuel Kant (1724-1804), a ética aparece como essência do espírito humano – o *Imperativo Categórico* –, portanto, inicialmente uma "realidade" a ser refletida. Nos autores da Antiguidade a ética é aprimorada por tensões. Na alma transcendental em Platão, por exemplo, e que de certa forma se repete na axiologia do Cristianismo, o bem é potencialidade a ser conquistado pela razão (a parte "logística" da alma) no seu esforço carnal para submeter as paixões (a parte "irascível" da alma) e os vícios (a parte "apetecível" da alma). Em Platão, a reflexão é que constrói a ética.

Como em Kant, a ética é inerente ao espírito, esse interior precisa refletir sobre a realidade exterior; mas, neste caso, o exterior entra aí muito mais como limitador a ser superado pela ética ontológica do espírito humano. Por isso, não existe exatamente uma construção, uma conquista da ética para o ser: existe, *a priori*, a ética como origem dentro do Ser; nem sequer como "potência", mas simplesmente como o Ser mesmo, como sua natureza essencial. De tal forma, o pensamento kantiano precisa desse exterior, e assim a categoria do *Imperativo Hipotético* encarna a função de dualidade contra a ética. Diferentemente do *Imperativo Categórico* o *Hipotético* kantiano remete o Ser à sua condição de homem moderno: na sobrevalorização do consumo e na ideologia do sucesso pelo ganho material e mercantil, o homem passa a sonhar, a ansiar por bens, status e riquezas que são o demonstrativo de sua realização pessoal, na medida em que essa realização se condiciona ao paradigma do sucesso pelo que se possui e apresenta, e assim valorizado pela sociedade industrial de mercado.

A "hipótese" – o sonho de tudo poder – se realiza nas coisas e por elas o Ser passa a ser medido. Logo, diz Kant, sendo o "tudo desejável" conseguido, e assim valorizado, não há como o *Imperativo Categórico* – comportamento ético – prevalecer e sobressair nas consciências dos homens, menos ainda diante da racionalidade do mundo moderno. *Neste sentido a "realização" espiritual da ética precisa ser mais uma "desconstrução" do que uma construção do e no Ser! A razão humana se encontra "embaralhada", mas pode igualmente fazer opções mais "consistentes".*

Agora temos a questão jurídica divorciada da ética e da estética, como Michel Foucault o afirma em relação aos autores desta época:

> O princípio fundamental do sistema teórico da lei penal definido por esses autores – Beccaria, Bentham, Brissot – é que o crime, no sentido penal do termo, ou, mais tecnicamente, a infração não deve ter mais nenhuma relação com a falta Moral ou religiosa (...) (*A Verdade e as Formas Jurídicas*, 1999: 80).

A partir do final do século XVIII e começo do século XIX a noção de "falta" – infração à lei natural, à lei religiosa, à lei ética – não se sobrepõe mais à noção de "crime" – ruptura com a lei civil estabelecida em uma sociedade de acordo com o poder político. Esta dissociação, que por volta do século XII havia dado ao inquérito judicial contornos tanto de dano ético como de dano material e físico, pertence claramente à própria genealogia do sistema mercantilista pré-capitalista e ao modo de produção industrial até nossos dias, tanto o capitalista como o socialista.

Mas em Kant esta dissociação reveste-se de um duplo caráter: se por um lado, o antagonismo entre a ética originária do espírito humano e o poder conferido à realização de todos os desejos materiais, remete à separação, no âmbito do jurídico moderno, entre a ética e o delito – o que convenientemente está mais coerente com uma racionalidade de consumo e coisificação da existência dos homens –, por outro lado, tem-se que pensar, como Kant o faz, na importância da lei, do ordenamento jurídico e do Direito, como forma de possibilitar a prevalência do bem. Em outras palavras: exatamente porque o *Imperativo Hipotético* adquire dimensões não éticas capazes de subverter a ética "originária" do espírito humano, é que o processo civilizatório, na concepção kantiana, precisa mais e mais de um sistema jurídico e judiciário capaz de restituir a civilidade aos homens.

Dependendo do ângulo com que se analisa o *cogito* kantiano, pode-se pensar em um Direito Subjetivo (no sentido weberiano) na perspectiva preponderante da mentalidade consumista, uma mentalidade "racional com objetivos a fins". Mas, igualmente, pode-se afirmar o imperativo de um Direito Objetivo, o reforço do Direito Positivo já alardeado desde os contratualistas, à guisa exatamente de intermediar essa oposição do desejo materialista absoluto e a essência ética do Ser. Em Kant, esse paradoxo, essa contradição entre normatividade e sujeito, reforça a denúncia da perda da ética no convívio, a retração da mentalidade com "relação a valores"[17] nas sociedades modernas, portanto, a desumanização ontológica do Ser quando o respeito ao seu semelhante se perde na ânsia irrefreável e sobre-valorativa de se justificar como humano a partir das conquistas puramente materiais. Por outro lado, assiste-se ao enfraquecimento do Direito Objetivo Positivo, na medida em que este não tem sido capaz, apesar de sua condição de poder político, de restaurar e garantir a ética, defender o Ser como existir ético, quando não fere displicente e naturalmente esse compromisso de convivência social decente.

Em um caso hipotético citado por Kant, um contrato de serviço é lavrado e estabelece o pagamento após um período de um serviço prestado. Escreve ele:

> Por outro lado, um empregado doméstico que recebesse os salários devidos no final de seu ano de serviço numa moeda que foi depreciada dentro desse período e que, portanto, não teria para ele o mesmo valor que tinha no início do contrato, não poderia reivindicar por Direito ser poupado da perda ocasionada pelo valor desigual do dinheiro se recebesse o montante devido. Só pode fazer um apelo com base na Equidade – uma deusa surda que não pode reivindicar uma audiência de Direito –, porque não havia coisa alguma a esse respeito no Contrato de Serviço, e um juiz não pode emitir uma sentença baseado em condições vagas ou indefinidas.
>
> Daí se conclui que um Tribunal de Equidade para a decisão de questões controvertidas de Direito envolveria uma contradição...
>
> A Máxima da Equidade pode ser expressa deste modo: "O Direito mais estrito é a maior Injustiça." Mas esse mal não pode ser remediado pelas formas de Direito, embora se relacione com uma questão de Direito; porque o agravo a que dá origem só pode ser apresentado diante de um "Tribunal da Consciência", ao passo que toda questão de Direito deve ser levada perante um Tribunal Civil (Immanuel Kant, *Introdução à Doutrina do Direito:* Definições Gerais e Divisões, 1. Equidade; *In* Clarence Morris. *Os Grandes Filósofos do Direito*. Trad. de Reinaldo Guarany, 2002: 241-242).

Por aqui se vê que Kant considera os "contratos" como instrumentos ineficientes na regulação e insuficientes na promoção da equidade e justiça. Em contrapartida fica clara a necessidade da ética para se evitar a injustiça, na medida em que a plenitude e complexidade da vida

17. Expressões de Max Weber em sua tipologia de tipos de Ação Social. É impossível não fazer o paralelo entre Imperativo Categórico e comportamento Racional com relação a Valores, e Imperativo Hipotético e comportamento Racional com relação a Fins. Não seria descabido dizer da influência kantiana no pensamento de Weber.

social não podem ser absorvidas nem completa nem eficazmente pela letra fria da lei. *Ora, essa ética necessária a suplementar a frieza da lei deverá procurar refúgio em máximas morais orientadas pela liberdade de outrem. Deste enfrentamento, na prática, da liberdade entre indivíduos, a razão produz as Leis Universais, e são estas, afinal, que acabam por definir a "Metafísica dos Costumes", tanto para a ética como para a lei.*

Igualmente, também é possível afirmar que Kant achava que a norma jurídica e o Direito podiam conferir aos homens condições para explicitarem concretamente sua verdadeira essência, sua originária condição de homens éticos, explicitando e vivendo de acordo com a moral, como forma mesma, portanto, de os humanizarem em meio ao processo civilizatório. É famosa a dedução kantiana de que fora da legalidade do Estado os homens seriam selvagens, motivo que o levou a ver os indígenas do novo mundo como primitivos e os europeus como civilizados, atribuindo assim um poder supra-humano ao Direito e ao Estado. Se o *Imperativo Categórico* é "originário" do espírito humano, como podia o indígena das Américas não o ter? Porque não tendo razão esses seres primitivos não podiam aprimorar sua condição humana! Na verdade, Kant está tão impregnado dos valores e da situação de sobrevivência no contexto do velho mundo, mesmo ao tempo das revoluções industrial e francesa, que, logicamente, erra ao transferir a relação entre o homem europeu e o Estado no século XIX para as etnias dos continentes colonizados.

**PARADIGMA 9:** Ciência e Moral são as grandes preocupações dos pensadores iluministas do século XVIII. Eles perceberam que a idolatria da razão científica levaria ao "esquecimento" da ética e ao desvirtuamento do homem. Não que eles achassem que a Ciência devesse ser rechaçada. O homem iluminista é um ser absolutamente racional. Mas perceberam que só a razão não levaria os homens à felicidade. E assim reintroduziram a questão da moral e da ética na filosofia moderna. Kant, por exemplo, resgatando algo do pensamento platônico, viu no espírito humano o bem e preocupou-se que a proposta instrumental da razão moderna solapasse do homem essa virtude. E então o processo civilizatório humano passa necessariamente pela manutenção da ética, ainda que para isso os homens devam lançar mão do Estado e das Leis.

**PROBLEMA:** Para preservar a ética, autores como Kant e Montesquieu viam nas leis a salvaguarda das virtudes, se não no sentido das leis criarem a moral, pelo menos no sentido de ajudar a preservá-la. Mas se eles estavam certos ao perceberem que a razão se inclinaria para a tecnocracia e a ciência para a dominação do homem, por outro lado devemos nos perguntar se as leis realmente garantem a ética ou se, pelo contrário, sob os auspícios do Estado a governabilidade dos homens não utiliza o conhecimento científico para nos dominar.

**EXERCÍCIO:** Supondo que você consiga encontrar uma lei que considere injusta, faça uma redação justificando sua posição, mostrando as causas e as consequências dessa lei do ponto de vista da moral e da ética.

**LER:** O artigo "O que São as Luzes?" de Michel Foucault.

**VER:** Filme "Frankenstein de Mary Shelley" (1994) do diretor Kenneth Branagh.

Por outro lado, a denúncia de Kant à "pura racionalidade" e à construção puramente empírica da existência social humana carecia em sua época de uma visão de processo histórico, motivo pelo qual o levou algures a se deixar endeusar pelo Direito como ordenamento jurídico e político único capaz de reintegrar os homens em uma convivência civilizatória tendo o ético como fundamento. Ele parte de uma "ética originária" e vê no ordenamento jurídico positivo, como forma de poder do Estado industrial moderno, o alicerce dessa humanização no processo civilizatório.

No entanto, a prática da existência humana (práxis) cria valores morais e orienta condutas éticas extrajurídicas. A prova disso é que uma sociedade indígena, culturalmente apresenta valores éticos e morais mais sólidos e coerentes do que as sociedades modernas industriais mercantilistas, socialistas ou capitalistas. Ali, no mínimo, o respeito ao Outro como semelhante é mais eternizado e concreto. Ali o Direito Subjetivo, os costumes e a oralidade interpretativa dos fatos sociais e naturais têm na figura dos mais "antigos" e experientes o poder de toda a lei e doutrina necessária ao convívio respeitoso dos homens, e o poder de julgá-los e punir sem contestações, até porque a tendência na maioria dos casos é de sanções e punições mais leves e que deixam margem para futura e rápida reintegração do faltoso com a comunidade – Justiça Restaurativa.

Do ponto de vista da Antropologia Jurídica, o Direito Subjetivo de comunidades indígenas parece mais permeável a que valores ético-religiosos estejam a fazer parte dessa normatividade intrínseca à sociedade, assim como outrora o era no combate à tirania na Grécia do século V a.C. (a Justiça do Além) ou na alta Idade Média como produto da missão religiosa da Igreja (o juízo Final). Não se pode, evidentemente, pretender transferir *sine qua non* esta individualização pastoral para a sociedade ocidental industrial moderna. Por isso, a solução visando o comportamento ético e decente do homem contemporâneo das sociedades industriais, de liberdade mercantil e mesmo as de planejamento produtivo seletivo, tem que partir das condições reais e concretas delas mesmas, sem retorno possível a especialidades importadas de culturas sociais que constroem de forma absolutamente natural suas estratégias de sobrevivência. Não é, no entanto, o retorno ao bom-selvagem, nem à fabricação de sociedades alternativas, ainda que uns e outras possam ser objetos importantes para estudos de Direito e Ética comparada.

## 4.4. A ÉTICA DO ESPÍRITO UNIVERSAL DE HEGEL

Em Friedrich Hegel (1770-1831), assim como em Kant, o pensamento é absoluto. O espírito e a razão dialogam. A dialética hegeliana opõe Espírito Subjetivo a Espírito Objetivo. Um "panlogismo", uma lógica universal, onde o contato e a relação entre as espiritualidades de cada Ser é que delineiam e favorecem o crescimento do dever ser. O Ser é, desta feita, o Espírito Subjetivo, uma condição que o Ser almeja em termos de "liberdade irrestrita"; o dever-ser é agora uma condição de "liberdade possível". Desta contradição entre Ser e dever ser o pensamento recolhe-se de sua condição bruta e reconhece os mesmos anseios de liberdade do Outro. Por este mecanismo, reconhecendo a limitação no igual direito de liberdade originária no Outro, o Ser se autolimita em sua ânsia impossível de tudo poder e cresce, aprimora-se, lapida-se em dever ser. Portanto, em Hegel volta-se à "construção" da ética no embate entre direitos instintivos egocêntricos[18] e direitos intersubjetivos coletivos. Ainda não estamos,

18. Não se deve confundir egocentrismo com egoísmo, como muitas vezes se faz. O sentido de egoísmo vai além do sentimento de autopreservação, uma atitude centrada no próprio Eu. O sentido de egoísmo só adquire os verdadeiros contornos de ir além das necessidades dos outros e almejar a bens cada vez maiores, a partir da cristalização da sociedade industrial e de mercado, portanto, um sentimento e comportamento que é

neste momento, diante de uma opção, de uma vontade consciente em regular-se pelos limites que o Outro impõe a cada espírito. Mas uma intersubjetividade inadiável e incontornável.

Em Hegel o externo é o Outro. A ética, enquanto percepção de que "meus direitos e liberdade terminam quando começam os direitos e liberdade do Outro", constrói-se no Ser como relação entre espíritos que assim limitados impregnam o pensamento de uma razão intersubjetiva, de uma racionalidade que obviamente percebe e reconhece em si mesma os limites que ao "desejável" se impõem pelo "possível". No entanto, destarte esta oposição intelectual dos espíritos, existe certa materialidade, como o próprio Hegel afirmou: "A filosofia tem a ver com o pensamento puro, livre, com a elaboração do pensamento a partir da materialidade concreta". (Hegel, *Introdução à História da Filosofia*, 2005: 207).

A materialidade do Ser pensante que se defronta, portanto, com o outro Ser, igual em desejos e direitos. Ainda assim, a dialética hegeliana é oposta à experiência concreta de vida, porque todo o enfoque está dado pela intersubjetividade espiritual, e não pela convivência na produção material da própria existência.

O que para muitos é condenável é a submissão do Eu ao Outro; vê-se em Hegel um expoente da submissão na construção espiritual do caráter, a subserviência da individualidade e liberdade do Ser, a própria destruição da autonomia fundante da personalidade e, por conseguinte, do próprio Ser. A base desta visão, que muitas vezes chega a ser despropositada, é que na totalização espiritual de Hegel, o homem não é tomado em sua própria produção da vida material, na elaboração concreta de sua agenda de sobrevivência coletiva, e, assim sendo, o desenvolvimento do pensamento se dá apenas por essa intersubjetividade. Só a realidade, como processo histórico do devir humano, pode esclarecer esta questão.

Ainda que claramente se refute esse idealismo e essa "dialética" puramente espiritual, deve-se reconhecer, contudo, a importância do Outro, como base da consciência formada a partir do qual se toma como espelho meus anseios, desejos, liberdade, direitos e obrigações.

---

típico do homem moderno influenciado pela ideologia materialista burguesa, o que no espírito dos pensadores do Iluminismo não podia existir com essa formação moderna.

Só que se deve colocar esta relação dialética, este espelhar imaginário a partir dos homens, de uns e de outros, em relação fundamental concreta no produzir material das estratégias de sobrevida e reprodução de existência historicamente determinada.

Em Hegel, o Direito e o Estado são tomados como fase superior desse desenvolvimento do "espírito intersubjetivo". Este Direito Intersubjetivo é uma potencialidade do espírito, cujo ápice seria abdicar livremente de grande parte dos direitos desejados em nome da convivência "pacífica" entre os homens. O Estado, neste sentido, seria produto desta "superioridade", deste Espírito Absoluto, uma condição "natural" da consciência e do pensamento que racionalmente abdica de todos os privilégios para submeter-se a uma igualdade com os demais Seres, fundamento da convivência coletiva mais pacífica e mais harmoniosa.

De certa forma, a crítica ao "desperdício da personalidade" em Hegel se mostra infundado na medida em que esta é uma opção racional do Ser, pela obviedade de que não existe individualidade alguma e construção alguma do Ser enquanto desvinculado do Outro e, mesmo que isso fosse possível, a existência do Ser por geração espontânea, ainda assim, a posterior sobrevivência conduz inevitavelmente à dualidade com o Outro. Neste sentido, é evidente que o reconhecimento do Ser, em que a sua limitação se impõe de forma social, ainda que não voluntária leva à seguinte verdade: na inevitável intersubjetividade do coletivo é insofismável a superioridade da convivência quando pacífica e harmoniosa. *No idealismo dialético de Hegel, é coerente, pois, afirmar que o Estado possa ter poderes de regulação superiores aos indivíduos, e que a legalidade da normatividade jurídica possa submeter e subordinar a ânsia da emancipação de cada Ser: porque o Estado é o próprio ser superior.*

Esta submissão do sujeito ao Direito e essa perda de soberania em relação ao Estado é em Hegel produto do desenvolvimento do espírito humano e, agora, já é uma opção final da racionalidade superior do Ser reflexivo. Em relação a esta preposição pode-se ver similitudes com o "salto qualitativo" proposto por Kierkegaard, que, de forma geral, embarca nesta opção. Devemos, contudo, ver o desenvolvimento espiritual não tomado isolado da realidade concreta produtiva e material dos homens, mas como tripla relação: *produção-reflexão-deliberação,* nesta direção.

**PARADIGMA 10:** Da sua época talvez Hegel tenha sido o autor que avançou na seguinte questão: poderá a Lei e o Estado servir de guardião do bem, da virtude e promover a felicidade comum? A conclusão de Hegel é ao mesmo tempo afirmativa e negativa, ou seja, é dialética: não pode, se for considerado apenas como instituição jurídica externa ao homem; mas pode, se for visto como imanência do próprio desenvolvimento do espírito humano. Na luta entre o desejo pessoal e o direito alheio, o espírito se aprimora e desenvolve as leis e o Estado que servem à regulação da convivência ética dos homens. O espírito absoluto é, então, o Estado, o estágio final da evolução espiritual do homem e o reconhecimento da liberdade e direito à igualdade do outrem.

**PROBLEMA:** A vida social exige incondicionalidade em muitas situações, quer dizer, esse reconhecer os outros implica uma opção voluntária sem contrapartida. Neste caso é de supor a possibilidade de que a ética subsista aos apelos da vida mercantil. O problema desta relação incondicional é que o Ser não só não anseia, segundo Freud ou Derrida, a este incondicional, como as situações práticas em que a sobrevivência o exige estão condicionadas pelo modo de produção concreto em que os agentes sociais se encontram.

**EXERCÍCIO:** "Não existe uma opção ética do ser, simplesmente porque não existe uma vida espiritual do ser. O que existe é a vida real, e ali onde trabalha o homem escolhe. O trabalho, esse sim, é incondicional, tudo o mais condição". Faça um pequeno grupo e discuta as duas preposições (Idealista e Materialista) contidas nesta afirmação. O grupo deve ser dividido para cada parte defender uma preposição. Todos devem fazer resumo da lide e ler para os demais.

**LER:** O conto "O Amigo Devotado" de Oscar Wilde.

**VER:** Filme "Patch Adams" (1998) do diretor Tom Shadyac.

Neste sentido, em Hegel o Direito é uma opção do Ser, embora seja do Ser idealmente tomado. Em Kant o Direito era uma necessidade civilizatória, uma condição "aristotélica" para afirmar a ética originária do Ser, uma necessidade para realizar o projeto transcendental do Ser. Para estes autores, no entanto, pode-se afirmar que o Direito aparece tão somente como transição meio ao processo histórico humano, portanto, não uma opção em si mesmo, talvez um mal necessário; esse Direito aparece muitas vezes como justificador do poder truculento do Estado, um legitimador da interpretação discricionária da vida social; potencialmente o fracasso da intersubjetividade natural da ética do Ser.

Daí o movimento do Direito Alternativo[19] negar a execução e eficácia da lei injusta e discricionária, visando à plena emancipação do Ser e à total minimização do Estado regulador. Para isso, há que se partir de uma perspectiva menos burguesa, mais comunitária, tanto quanto o possa ser autonomamente pela intersubjetividade natural na produção, na reflexão e na deliberação de cada indivíduo, cuja dignidade humana seja resgatada nos aspectos materiais e intelectuais e sem violência simbólica. Quanto menor a instituição do Direito e do Estado, criadas livres e autonomamente aquelas condições, maior será o *Ser-para-si*!

É interessante observar que a repulsa que o Estado vai inicialmente (séculos XVI e XVII) apresentar pelo Direito Divino e Natural se deve à sua lógica de que o governo existe para prover a própria existência do Estado. E, sendo assim,

> O Estado é uma coisa que existe por si. É uma espécie de objeto natural, apesar de os juristas se esforçarem para saber como ele pôde se constituir de maneira legítima. O Estado é em si mesmo uma ordem das coisas, e o saber político o distingue das reflexões jurídicas. O saber político trata não dos direitos do povo nem das leis humanas ou divinas, mas da natureza do Estado que deve ser governado (Michel Foucault, *A Tecnologia Política dos Indivíduos*. In Ditos e Escritos, 2006: 306).

Posteriormente, no entanto, o Estado moderno (séculos XVIII e XIX) verá surgir a "necessidade de procedimentos, de mecanismos, essencialmente procedimentos de individualização que o pastorado religioso havia posto em prática" (Foucault. *A Filosofia Analítica da Política*. In Ditos e Escritos, 2006: 54). Essa individualização, em nome da liberdade, comporta na verdade uma série de instrumentos técnico-científicos capazes de tratar os indivíduos como unidades sócio-produtivas inseridas "em relações de obediência individualizadas entre o pastor e seu rebanho" (Foucault, *A Filosofia Analítica da Política*, 2006: 53), só que esse pastoreio deixa de ser atribuição da Igreja e passa a ser do Estado. Então, nos dias atuais:

19. O movimento do Direito Alternativo nasceu no Brasil durante a ditadura militar e é composto por operadores do Direito, como advogados, juízes e desembargadores. Sua atuação é forte no Rio Grande do Sul e encontra adeptos por todo o Brasil (Veja-se, p. ex., *Motivações Ideológicas da Sentença*, Desembargador Rui Portanova). Não se deve confundir Direito Alternativo com Penas Alternativas.

> O indivíduo se tornou uma aposta essencial para o poder. O poder é tanto mais individualizante quanto mais, paradoxalmente, ele for burocrático e estatal. Se o pastorado perdeu, em sua forma estritamente religiosa, o essencial de seus poderes, ele encontrou no Estado um novo suporte e um princípio de transformação (Ibidem, 2006: 55).

No entanto, se a ação pastoral do Cristianismo, de um lado é uma relação individualizante entre pastor e crente, por outro lado obriga a uma consciência da vida coletiva e da tolerância, na medida em que a própria salvação no "juízo final" passa pelas ações de caridade e humildade, que como sabemos é a própria essência da submissão medieva. Neste pormenor, parece que a ética medieval está tanto para a individualização religiosa como para a coletivização política. Também no renascimento pode-se verificar a mesma sobreposição de princípios e preocupações, pois se é verdade que o Estado passa a ser uma entidade científica cujas práticas se afirmam como uma ciência autônoma (Maquiavel), e que a ética cristã não é necessariamente o melhor para a ética política, não é menos verdadeiro que existe uma reação imediata que, mesmo quando coloca a centralidade do Estado no plano da Filosofia, também o obriga e aos governantes a "cuidarem" do povo, gostem ou não disso (seja pela visão dos utilitaristas ou dos românticos criticistas). Se assim não fosse, as revoluções e as profundas transformações sociais e políticas dos séculos seguintes não poderiam ter acontecido. Nos autores do período renascentista clássico, existe uma preocupação filosófica – e talvez não exatamente política, tanto quanto à época Filosofia e Política ainda podiam enveredar por caminhos paralelos e mesmo conflitantes –, com o Outro e o Eu coletivizado.

No Século XVIII, por outro lado, o humanismo da Filosofia Iluminista parece refletir exatamente sobre o quanto o Estado moderno irá se posicionar pela "coletivização" ou pela "individualização". Devemos entender estes conceitos da seguinte forma: "coletivização" – uma Filosofia Política cujas práticas de gestão pública se direcionam para o grupo social tomado como uma entidade totalizada; "individualização" – uma Filosofia Política cujas práticas de gestão pública se direcionam para os indivíduos como entidades desejantes e indesejáveis, dependendo de sua capacidade de fortalecer o binômio produção/consumo. No primeiro caso reforçam-se os laços de intersubjetividade crítica e autônoma do Ser, e a responsabilidade ética recorre ao

Direito como instrumento conciliador. No segundo caso reforça-se a dependência do Direito como instrumento de poder dissimulado nas "entranhas" e nos "capilares" da vida social. Neste caso, obviamente, o Estado fortalece-se no esvaziamento da prática filosófico-política do Ser. Sabemos que o Estado moderno emprestou da filosofia as práticas políticas que levam a uma subserviência tecnocientífica e burocrática do segundo tipo.

A filosofia crítica e idealista de Kant e Hegel não deixa de ser ambivalente. Apregoava-se a felicidade e o bem-estar de cada um pelo respeito ao todo. Ou, se se preferir, procurava-se o Eu no Outro. Era, na verdade, mais uma denúncia ao Estado moderno do que exatamente uma renúncia à personalidade. Mais uma responsabilidade ética do que o culto às armadilhas da "civilização sem razão", ou absolutamente envolvida na razão técnica, na individualização controlável e na falsidade da felicidade proveniente de bens materiais. Ainda aqui houve a tentativa de separar a Filosofia da Política! Por exemplo, o dever ser em Kant é o *Imperativo Categórico*, a ética. O *Ser*, ou melhor, *a forma como se é*, é a subserviência do espírito humano ao desejo ilimitado de se ver fortalecido pela valorização e sucesso medido nas coisas que se tem. Em Hegel o *Espírito Objetivo* é a razão que reconhece a liberdade irrestrita como uma impossibilidade não apenas teórica, mas de fato, tão real quanto real é a circunstância inexpugnável de que moralmente todos os seres e os homens são portadores dos mesmos direitos e liberdades. O *Espírito Subjetivo* é uma impossibilidade concreta; daí nasce a possibilidade da paz!

Parte das respostas que a ética procura, e que podem ser estendidas às aflições e mal-estar psicológico dos homens na Modernidade, já se encontra aqui. Esta compreensão da condição humana assim brutalizada e esta denúncia da subordinação aos domínios das coisas e das mercadorias é que precisa fazer parte de uma estética do Ser e do Direito! Nestas condições, neste contexto, que comportamento social é decente e que comportamento decente pode ter o Direito? Em tais condições seria total absurdo afirmar que "parece ser decente" furtar para ter o que a sociedade tem como fim valorizar: os bens e as coisas que o poder econômico e político compram e valorizam? E, neste contexto, é indecente furtar para comer, para matar a fome de uma família, para aplacar as dores de estômago de crianças insones?

A resposta às perguntas iniciais parece ainda apontar para a universalidade da indecência delituosa do ato de furto? De qual ética devemos partir, da coletivizada ou da individualizada? Da afirmação simples e isolada do *Imperativo Categórico*, ou na inquietante relação com o *Imperativo Hipotético*? Dos anseios legais e incontroláveis do *Espírito Subjetivo*, ou sua conformação com a necessária possibilidade do *Espírito Objetivo*? Qual razão deve intervir para considerar exatamente o que é não ético nas relações humanas que estão por detrás de determinados atos, como roubar, matar, adulterar, mentir, idolatrar etc.? O criticismo de Kant como o idealismo dialético de Hegel, bem vistas as coisas, podem apontar para respostas tão surpreendentes como incômodas.

# Capítulo 5

# A ÉTICA NA MODERNIDADE

O direito, por mais complexo e específico que seja em sua prática, é um ramo de conhecimento indissoluvelmente ligado às ciências da sociedade: fundamentalmente ele trata de "ligações humanas", destarte a tentativa de lhe dar objetividade própria (Montesquieu: *O Espírito das Leis*; Kelsen: *Teoria Pura do Direito*) e se constituir como disciplina autônoma. Na Modernidade o Direito só pôde ser eficientemente compreendido, do ponto de vista de uma "filosofia", quando enriquecido com outras áreas do conhecimento humano, tais como Sociologia, Antropologia, Economia e, naturalmente, a Política. Finalmente a construção de um estudo profundo de Filosofia do Direito verificou-se a partir do século XIX, com as Escolas de Jurisprudência, Pandectista (Puchta), Exegética (Napoleônica) e Analítica (Austin), e posteriormente com a contribuição de Ihering (*A Luta pelo Direito*) e a Escola Histórica de Savigny. Estes doutrinadores e codificadores lançaram as bases filosóficas da moderna Ciência Jurídica.

Ainda no final do século XIX o pensamento sociológico agrega-se à área, e com raras exceções, acaba incorporando o "positivismo" de Auguste Comte como essência da construção filosófica jurídica, destarte outras possibilidades de enxergar o Direito fundamentalmente como ciência prática. Aqui se inaugura verdadeiramente o "positivismo jurídico". Só agora podemos efetivamente falar do Direito, não só como ciência, mas fundamentalmente como mecanismo de controle do Estado. Infelizmente é com base neste último que os profissionais do ramo têm sistematicamente se formado. Ainda contemporaneamente o "positivismo jurídico" domina tão profundamente os fundamentos legais e a formação dos operadores do Direito (magistralmente no caso brasileiro), que vale a pena nos determos mais pormenorizadamente em suas origens bem como em sua lógica de individualização do poder do Estado moderno.

Neste caldo germinativo da Ciência Jurídica Moderna, vozes alvissareiras se fizeram presentes e puderam questionar o dogmatismo e normativismo, e desse embate pode-se tirar as grandes preocupações morais e éticas do Direito contemporâneo. Destacamos, neste caso, o pensamento brilhante do argentino Carlos Cossio, aluno de Kelsen, que com sua Teoria Egológica – predominância do Direito no Ego –, demonstrou as fraquezas da validade normativa simples e as consequên-cias do modelo de cascata de normas preconizada na Teoria Pura do Direito de Kelsen.

## 5.1. A ÉTICA E O POSITIVISMO DE COMTE

Sem dúvida, a maior contribuição (quiçá, o maior prejuízo!) da Sociologia para o Direito foi o "positivismo". Inaugurado por Auguste Comte (1798-1857) no início do século XIX, em meio à necessidade de organizar teoricamente uma sociedade destruída em sua ética e existência prática pelas duas grandes revoluções do século XVIII – Revolução Francesa (1789) e Revolução Industrial (1798) –, a Filosofia Positiva aparece como uma tábua de salvação, à classe burguesa que pretende consolidar o sistema capitalista de produção. Nas palavras de seu fundador, o "positivismo" era a forma superior e final de uma concepção histórica do devir humano, cuja evolução deixara para trás a Teologia e a Metafísica. Para a classe burguesa, no entanto, foi, no plano filosófico, o instrumento necessário a uma prática que ordenasse coerentemente um sistema de produção cujo fundamento é a propriedade privada.

Por que a burguesia como classe viu no "positivismo" o instrumento mais eficiente na consolidação da nova ordem econômica, política e social? O positivismo filosófico pode ser assim resumido:

1. Ordem e Progresso – É necessário instituir um ordenamento à sociedade de tal forma que a ordem, a estabilidade, seja a condição maior para o desenvolvimento e progresso material.

Não é o progresso material, o desenvolvimento econômico e social (distribuição dos produtos desse desenvolvimento), que importa em primeira instância, mas a ordem, que em primeiro lugar deve ser conquistada de toda a forma como condição *sine-qua-non* para esse progresso, progresso esse que Comte via de forma extraordinária na implantação da grande manufatura.

2. Leis Universais – O Universo, como tudo que rodeia o homem, é composto de leis imutáveis e propriedades fixas; cabe aos homens entenderem essas leis e propriedades constantes, mas não cabe a eles questionar suas causas nem tampouco derivar novas circunstâncias a partir desse entendimento.
3. Objetividade – Os fenômenos sociais, mais tarde denominados Fatos Sociais por Émile Durkheim, no final do século XIX, discípulo de Comte, devem ser tratados como "coisas"; essa "coisificação" da sociedade, de suas relações sociais, procura conferir ao tecido social uma objetividade física e material, da mesma forma que as ciências naturais, físicas e biológicas tratam cientificamente seus objetos de estudo, por exemplo, um inseto num laboratório de biologia. Não foi por acaso que Comte se referiu ao Positivismo como uma "Física da Sociedade".
4. Neutralidade – Como princípio científico o pesquisador, o cientista social, o estudioso deve se dirigir à sociedade de forma isenta e analisar os fenômenos sociais com total e absoluta neutralidade, em razão, claro está, de não comprometer com suas prévias noções e valores os resultados de suas análises, deduções e induções.

Eis, de forma reduzida, os fundamentos da Filosofia Positiva. Em seu contexto geral, ainda que pese a seu favor a intenção dos autores em fundar uma "ciência da sociedade" com objetos próprios, consolidá-la nos meios científicos com parâmetros semelhantes às demais ciências da época, a "coisificação" do tecido social, a objetividade conferida por leis imutáveis e propriedades fixas, a neutralidade do pesquisador-cientista, aliadas à noção primeira da ordem social, só pode produzir uma filosofia passiva que, quando aplicada aos vários ramos da ciência acabam por redundar em conhecimentos estéreis e apáticos. E o Direito não ficou à margem desta determinação nefasta.

*Invariavelmente, o maior perigo na produção científica, é deixar-se levar por conceitos e afirmações intuitivas, à primeira vista irrefutáveis. O Positivismo está cheio delas.* Quem pode duvidar da neutralidade do pesquisador-cientista, de sua objetividade, da necessidade de organizar e colocar ordem na sociedade? No entanto, o comportamento social, não é um objeto de estudo passível de ser reduzido a algo com características imutáveis, um objeto formado por propriedades constantes, pois a sociedade no seu todo é um organismo vivo, uma rede multideterminada e, ao mesmo tempo, que multidetermina, pelo dinamismo inexorável de seus agentes em relação ao meio e aos seus semelhantes.

Ora, se aplicamos esta imobilidade, este determinismo quase religioso (afinal de onde vêm essas leis imutáveis e esse universo com propriedades fixas?) ao Direito, vamos acabar por aceitar um conjunto de normas tão imutáveis e "divinamente" superiores que, evidente está, não poderão se basear no dinamismo social real e muito menos acompanhar a mutabilidade intrínseca dos comportamentos sociais. Portanto, é uma ciência apriorística e afastada do fundamento que lhe é superior: o corpo social.

*Mais do que isso, a norma jurídica só pode ser exercida nestas condições, quando totalmente divorciada do dinamismo multifacetado do corpo social, se, de alguma forma, se impuser sobre a realidade que procura ordenar. Em outras palavras, isto só é possível, de fato, através do autoritarismo institucional que lhe dá suporte.* Ainda assim, mesmo de um ponto de vista absolutamente institucional, dos organismos que dão sustentação ao Direito Positivo, essa sustentação só pode ser relativamente bem-sucedida e duradoura se houver uma coerência interna; neste caso, a coerência está na consciência das massas de que efetivamente a "Ordem" deve preceder determinada configuração social seja qual for o contexto de sua organização.

De fato, em última instância, é essa "reciprocidade", como diria Max Weber, que sustenta o Direito Positivo, onde o Brasil é um caso exemplar: a crença na "Ordem" como fenômeno social superior e divinizado (afinal está em nossa bandeira desde a instauração da República), incorporado como "consciência coletiva" pelo Estado e pelo Direito Positivo. Num movimento recíproco, a própria sociedade acaba reforçando, instaurando esse arbítrio da lei assim exercida e julgada, desvinculada por completo da realidade concreta do povo, de sua existência material como ela é, e não como a ideologia das elites faz parecer.

Em tais situações, o paradigma da objetividade e neutralidade no Direito pode ser mais nocivo à sociedade e à preposição de fazer justiça do que de forma superficial possa parecer. A objetividade que coloca em situação de inferioridade o homem em relação ao seu ambiente social e à história, na medida em que apenas deve interpretar o universo imutável e de movimento perene, sem possibilidade de questionamento das causas e consequências desse movimento e de seus fenômenos constituintes, e a neutralidade em relação a esses acontecimentos, mais do que contribuir para a norma jurídica verdadeira e incorruptível acaba, de fato, construindo um Direito passivo, estéril e dolente em relação à situação real dos contingentes majoritários das populações: os explorados, os excluídos, os marginalizados, os pobres e todos aqueles que anseiam com propriedade constitucional por justiça, igualdade, cidadania e condições mais satisfatórias de realização da condição humana.

Ainda que a produção da ciência só fosse inquestionavelmente possível pela objetividade e neutralidade, o que não é sequer um fato aceitável mesmo para a própria ciência, ainda assim, tem que se perguntar que ciência é essa que se quer legítima e verdadeira exatamente quando abandona a verdade que lhe deve sustentar o entendimento, qual seja, as condições históricas e concretas de vida dos indivíduos? Que Direito é este que procura a justiça através de um ordenamento divorciado e pretensiosamente viciado na sua superioridade em relação a seu próprio objeto de ação, o cidadão?

Aqui pode-se citar a diferença entre dois juristas expoentes do Direito Positivo envolvidos nas doutrinas liberais do século XIX: Rudolf von Ihering (1818-1892) - *A Luta pelo Direito* e Cesare Beccaria (1738-1794) – *Dos Delitos e das Penas*. Para se verificar a inclinação positivista de um e a garantista de outro, menos positivista, citamos as seguintes passagens: Ihering a respeito do caso retratado por Shakespeare em "O Mercador de Veneza": "O que sustentei não foi que o juiz deveria ter reconhecido a validade do título de Shylock. Afirmei que, uma vez admitida a sua validade, a eficácia do título não deveria ter sido frustrada por um ardil infame por ocasião da execução da sentença. O juiz tinha a opção de declarar o título válido ou inválido. Decidiu pela primeira alternativa. E segundo a exposição de Shakespeare, essa solução era a única compatívelcom o direito. Não havia ninguém em Veneza que duvidasse da validade do título: os amigos de Antônio, o próprio Antônio, o doge, os juízes, todos concordavam em que o direito estava do lado do judeu. E, imbuído de uma confiança inabalável no direito umiversalmente reconhecido, Shylock recorre à justiça" (*A Luta pelo Direito*: 2003). Pode-se perceber a preocupação de Ihering com o cumprimento da lei, a certeza de que o Direito pode promover a ordem e a justiça, e que o contrato - entre nós Ato Jurídico Perfeito - deve ser mantido em juízo ainda que ele estipule que o atraso no pagamento da dívida daria direito ao credor cobrá-la em onças de carne do devedor (é disso que se trata quando Ihering se refere a 'um ardil infame', segundo o texto de Shakespeare).Por outro lado, Beccaria, mais preocupado com a lei do que com o poder que pode se exceder injustificadamente, diz: "A primeira consequência destes princípios é que só as leis podem determinar as penas fixadas para os crimes, e esta autoridade somente pode residir no legislador, que representa toda a sociedade unida por um contrato social. Nenhum magistrado (que é parte da sociedade) pode, com justiça, aplicar pena a outro membro dessa mesma sociedade, pena essa superior ao limite fixado pelas leis, que é a pena justa acrescida de outra pena. Portanto, o magistrado não pode, sob qualquer pretexto de zelo ou de bem comum, aumentar a pena estabelecida para um delinquente cidadão" (*Dos Delitos e das Penas*: 2009). Claro fica a preocupação de Beccaria em dois aspectos ainda hoje sujeitos a controvérsias: primeiro, que o domínio da lei no Direito é supremo, e que, logo, a importância do Legislativo se sobressai ao Judiciário; segundo que a pena estabelecida em lei deve ser resguardada e que não cabe ao magistrado a alterar, pois isto poderia implicar, mesmo sob a repercussão social, uma desproporcionalidade entre a conduta ilícita e a pena. Enquanto o positivismo clássico de Ihering, em nome da ordem, se dirije para um Direito Máximo, o legalismo legislativo de Beccaria se aproxima do Direito Mínimo.

## 5.2. A ÉTICA DO DEVER-SER DE KELSEN

O Direito Positivo ganhou notável alento e consistência na filosofia de Hans Kelsen (1881-1973). De forma bastante resumida, introduz-se neste estudo alguns de seus conceitos fundamentais (principalmente a partir da obra *Teoria Pura do Direito*), à guisa de exemplo do que trata o positivismo jurídico.[20]

Em primeiro lugar, deve-se lembrar do propósito final de Kelsen em procurar aquilo que ele mesmo denominou de o "princípio da pureza", segundo o qual o enfoque deveria ser unicamente na "norma". Desta forma, para o jurista, a ciência do Direito deve ser vista apenas como norma.. Ainda que se possa defender a intenção do cientista na procura de um modelo que conferisse ao Direito uma autonomia em relação a outros aspectos do conhecimento, o fato é que na visão kelseniana a centralidade do Direito se explicaria pela norma em si mesma, o que reduz sobremaneira a abrangência filosófica em seus termos.

Assim, a norma parece não exigir grande sintonia com valores, tradições ou interesses políticos, e nem se constitui de forma natural. Esta, aliás, é uma premissa que distingue o Direito enquanto positivo, por não ser natural, mas produto do conjunto formal de normas instituídas pelo arbítrio humano. Uma "ficção" necessária e construída em algum momento para regular a sociedade "desorganizada". Para os contratualistas, Hobbes, Locke e mesmo Rousseau, é essa necessidade de se organizar que cria o pacto social, um contrato que resgata o homem de seu "estado de natureza" e o coloca numa sociedade política, quer dizer, jurídica, onde então as normas formais, a lei, podem regular e controlar os indivíduos em sociedade, salvaguardando, em

20. Seria mais apropriado dizer que a consolidação do Direito Positivo em Positivismo Jurídico é que encontra em Kelsen a cientificidade necessária. Deve-se entender Direito Positivo como um conjunto ordenado de normas de tal forma a formar um sistema, um aparelho de sustentação legal com poder capaz de obrigar indivíduos a cumprirem, com pena de aceitarem punição prescrita, essa normatividade. Neste sentido, o Direito enquanto sistema positivo existe desde o Código de Hamurabi (1750–1700 a.C.), e mesmo antes dessa época. Já o Positivismo Jurídico adiciona a esse aparelho sistêmico de ordenamento legal as características do positivismo filosófico de Comte, portanto, de uma sustentação determinada do poder de Estado, do Estado Moderno, mas não de qualquer forma, e sim da forma que consolida o poder desse Estado legalizando o controle, vigilância e punição debaixo da premissa maior da Ordem.

princípio, e essa é a contrapartida de certa perda de soberania, os direitos individuais e o bem-estar da comunidade. Mas em Kelsen não existe o "pacto" e sim uma "norma fundamental".

O problema desta visão é que, não sendo a "norma fundamental" ordinária, a complementar, e nem mesmo a constitucional, produto do social, ela pode, claro está, por coerência, se autointitular como fazedora suprema da "Ordem", distante do corpo social. Como a norma tem que ter validade e legitimidade, Kelsen vai buscar essas condições numa norma anterior que a precede – Cascata de Normas – e assim sucessivamente até a "norma fundamental", cuja gênese, é por muitos considerada um mistério no positivismo kelseniano. Contudo, em uma pequena passagem da obra *Teoria Pura do Direito*, Kelsen afirma por duas vezes que a "norma fundamental" mantém estreita relação com os costumes:

> Se por Constituição de uma comunidade se entende a norma ou as normas que determinam como, isto é, por que órgãos e através de que processos - através de uma criação consciente do Direito, especialmente o processo legislativo, *ou através do costume* - devem ser produzidas as normas gerais da ordem jurídica que constitui a comunidade, a norma fundamental é aquela norma que é pressuposta *quando o costume*, através do qual a Constituição surgiu, ou quando o ato constituinte (produtor da Constituição) posto conscientemente por determinados indivíduos são objetivamente interpretados como fatos produtores de normas; quando - no último caso - o indivíduo ou a assembleia de indivíduos que instituíram a Constituição sobre a qual a ordem jurídica assenta são considerados como legítimos (Teoria Pura do Direito, 1994: 221-222. Grifos nossos.)

Como a norma é para ele prescritiva, isto é, ela confere ao comportamento humano um sentido que deve ser cumprido, então é em si mesma legítima por ter prescrições que podem ser encontradas na "norma fundamental". Por isso, em última análise, a legitimidade e validade da norma nada têm a ver com conceito de justiça, pois sua validade deriva exclusivamente da correspondência que encontra em outra norma. O problema maior, é essa visão de que a "cascata de normas" em si mesma é legítima e sua juridicidade é válida independente da possível brutalidade, desumanidade, opressão, tirania originários de ato jurídico normativo decorrente de outra norma, ainda que de verdade Kelsen não estivesse a apoiar tiranias com sua teoria jurídica hermética.

Por exemplo, a Constituição de 1988 é decorrente da Emenda Constitucional nº 1, promulgada pela junta militar em 1969, que por sua vez autorizou juridicamente a Emenda Constitucional nº 26 de 1985, feita à Constituição de 1967, pela qual se convocou a Assembleia Nacional Constituinte daquele ano. A Emenda Constitucional nº 1 de 1969, tem origem no Ato Institucional nº 5, promulgado arbitrariamente e pela força pelos militares no golpe de 1964, que dava poderes ao Executivo para legislar quando do fechamento do Congresso Nacional, que eles mesmos haviam decretado. Daí para trás não existe nenhuma norma jurídica capaz de justificar a concentração de poderes no Presidente da República para baixar o Ato Institucional nº 5 (cf. Fábio Ulhoa Coelho, *Para Entender Kelsen*). O Direito Positivo releva, a rigor, este fato, de que a "norma fundamental" seja produto de um golpe político, de um estado de sítio forjado e consumado por forças militares, e desconhece a ilegalidade e a agressão ao Estado legítimo de Direito existente em 1964 e exercido pelo voto popular do presidente João Goulart.

Corre algo a favor de Kelsen, o fato de que a validade de uma norma se apoia em outra norma anterior. Essa cascata de normas, como vimos, termina, ou começa, em uma norma hipotética, uma construção axiológica capaz de fechar coerentemente a lógica de validade normativa. Neste pormenor vemos ainda uma vez mais o Direito se inclinar para o poder Legislativo, pois que é aí que as normas são desenvolvidas. Mas, sutilmente, Kelsen coloca um limite a esse desenvolvimento de normas: ao dizer que uma norma se valida em outra norma, supôs o autor que assim o legislador não poderia fazer normas a seu bel-prazer, mas orientadas por normas antecessoras, impedindo-se, assim, a arbitrariedade legislativa. Então, se de um lado as premissas positivistas de Kelsen implicam em um predomínio Legislativo (como deveras em Beccaria), por outro lado esse Legislativo não está absolutamente livre para comfeccionar normas. É nesse sentido que o legislador constituinte fez constar da Carta Magna pátria, 1988, em termos de lei penal, o dispositivo conhecido como 'Reserva Legal' (Art.5, inciso XXXIX), que dispõe sobre a feitura da lei pelo Poder Competente (Legislativo), de forma Estrita (declarando a conduta ilícita), Expressa, Clara e de acordo com os ditames da Constituição.

Tudo isto precisa resolver o problema do Ser (com valores de dever ser, morais e éticos) e do dever-ser jurídico, ou a normatividade positiva do fato e sua estrutura jurídica, ou os valores do Ser (do seu dever ser) ou a prescrição que pode ou não ser seguida, não só pelo fato futuro ser imponderável, mas pelo jogo de interesses e poder que nela está. *Evidentemente, recoloca-se a necessidade de uma estética no jurídico: não a estética da mera estrutura normativa, mas de valores éticos como uma estética construída pela dinâmica do indivíduo com foco no bem comum. A estética do Direito só pode ser, enquanto ciência do jurídico, uma estética da ética do Ser!*

Billier e Maryoli afirmam:

> (...) A. Reinach e G. Husserl[21] admitem que as normas jurídicas, objetos da consciência, constituem seres ideais mas reais, dos quais será preciso estudar a essência eidética, a estrutura interna. A fenomenologia jurídica advogará assim a favor de uma tese ontológica: o ser da norma residirá na normatividade, em seu caráter ontológico de dever-ser que se enuncia, como em Kelsen, pela proposição "A deve ser B". Convém então, segundo esta concepção, estudar a lógica interna da normatividade jurídica independentemente do conteúdo e do fundamento axiológico das normas jurídicas. Esta concepção resulta, em outras palavras, em uma Normlogik que estuda as relações lógicas entre as normas jurídicas (*História da Filosofia do Direito*, 2005: 360).

Ainda que o dever-ser em Kelsen não seja necessariamente "A deve ser B", mas mais propriamente "A pode ser B", na essência a teoria pura de Kelsen é mesmo esse ícone a uma substância que se reduz na norma, a norma pela norma, em uma estética normativa de relacionamento entre normas superiores e inferiores, cascata de normas, conceito purista. Mas o "dever-ser" em Kelsen não se confunde com "causalidade".

Nas ciências naturais (físico-matemáticas) de forma geral, a causalidade impera: se for "A então é B". Isto significa que para a condição "A" sempre a consequência será "B", uma relação linear de causa e efeito. No Direito, diz Kelsen, o conceito de imputação implica que a norma "A" prescreve de forma apriorística uma punição "B" diante de um determinado comportamento, ou no caso de não cumprimento. Então se espera que a norma "A" seja obedecida,

21. Trata-se de Gerhart Husserl, filho e discípulo de Edmund Husserl.

mas pode ser que diante do caso concreto, vale dizer, diante do fato real, em sua complexidade e múltipla determinação, diante do caso *sub judice*, a sentença não possa ser aplicada exatamente como "B" previa (ao doente mental, ao menor, ao incapaz por surdez etc.). Isto significa que o dever-ser no positivismo de Kelsen é apenas uma tentativa de regulação do vir a ser com base em experiência jurídica anterior, mas, obviamente, não pode pretender-se captar o dinamismo de cada fato social e "enquadrar" o fato jurídico futuro, ainda a se verificar, exatamente como prescreve a norma. Portanto, o dever-ser jurídico comporta um duplo sentido, sem que, contudo, implique em causalidade, isto é, implique num mimetismo jurídico estreito: o dever-ser jurídico é a tentativa de auxiliar a decisão sentencial como parâmetro, e apenas isto, para tomada inequivocamente original de decisão jurídica; como consequência, pode, também, ser vista como a responsabilidade ético-jurídica na realização desse Direito.

A tentativa de aplicar a norma de forma literal seria incorrer em juízo *a priori* que afastaria sobremaneira o Direito do "fato", impossibilitando a adequação e interpretação doutrinária por detrás da lei. Um Direito assim, positivista assim, coloca como essência essa ideia eidética do conjunto ordenado de normas. Por outro lado, se entende-se o dever ser como valor, se trás de volta uma axiologia que resgata como essência eidética esse interpretar que adequará a norma ao "fato"; mais do que isso, resgata o verdadeiro sentido do Direito como ciência humana, parte da interpretação e adequação axiológica que une o real à sua interpretação em movimento, quer dizer, inclui o Direito no processo histórico ontológico do ser por sua necessária adequação e interpretação diante desse "fato" real. Isto é uma fenomenologia jurídica que deposita o valor do Direito na riqueza ética da vida social, ou, se se quiser, esse dever ser também implica necessariamente a sentença judicial como premissa ética.

A favor desta interpretação, está o fato de Kelsen, o pai do positivismo jurídico moderno, ter separado o conceito de justiça da sua *Teoria Pura do Direito*. Não nega a existência de um momento em que efetivamente o Direito se realiza: esse momento é a sentença proferida pelo juiz.

> (...) Toda essa regência de normas por uma norma fundamental não exclui a possibilidade de o juiz agir aplicando e interpretando, ou seja, produzindo normas individuais. Também a atividade aplicativa

> é uma atividade que está às voltas com normas; interpretam-se normas gerais e criam-se normas individuais (Bittar & Almeida, *Filosofia do Direito*, 2001: 326).

Exatamente, como esse juiz está permeado por valores de toda a sua existência como Ser, vale dizer, por toda a sua relação natural com o processo histórico que lhe moldou o espírito, e mesmo voluntariamente quando faz suas opções éticas a partir dessa mesma experiência cotidiana, exatamente porque o juiz também é um ser histórico e por ter alçado à categoria de filosofar criticamente sobre si e sobre o Outro, é que a justiça não pode ser, do ponto de vista de Kelsen, considerada ciência. "Isso não significa dizer que Kelsen não esteja preocupado em discutir o conceito de justiça, e mesmo buscar uma concepção própria acerca deste valor (...)". (Bittar & Almeida, *ibidem*, 200: 332). Pois bem: sendo desta forma, na hora da decisão, no momento da sentença decisória, o juiz estará irrefutavelmente diante do dever-ser, não somente diante da "imprecisão prescritiva da norma", mas irremediavelmente diante de seu dever ser, isto é, diante de sua estética fenomenológica, de sua estética essencialmente ética; *é este fato essencial, a "solidão" do magistrado diante da sentença que possibilita que a estética do Ser, do seu Ser, se materialize em uma estética do Direito, em uma essência necessariamente ética do jurídico!*

Sem isto, a "norma pela norma" será de pouca valia ao ato decisório e à imagem de dever e responsabilidade que a sentença espalha por toda a sociedade a resguardar o posterior comportamento ético dos homens. Aqui reside, afinal, o verdadeiro dilema axiológico do positivismo jurídico, principalmente do dogmatismo normativo: a herança kelseniana, aqui, mais do que no tão propalado conceito abstrato da "norma fundamental", e na cascata de normas, reside a eficácia normativa.

Procurar e defender uma eidética absolutamente normativa é, pois, um erro duplo: um erro epistemológico ao reduzir a essência das categorias jurídicas apenas ao aspecto imediato e coercitivo do ordenamento normativo; depois, um erro ao retirar do Direito a função de espelho ético para determinado grupo social, ou, em outras palavras, *um duplo erro por efetuar uma ruptura rude entre a necessidade dessa estética jurídica na formação da estética humana! – e vice-versa!*

**PARADIGMA 11:** Do positivismo filosófico do século XIX surge a metodologia apropriada, para dar o status de ciência ao Direito. O positivismo jurídico não é exclusividade brasileira, mas o Brasil é o único país que escreveu na bandeira "Ordem e Progresso". Para nós a ordem é uma cultura, uma maneira de ser e conviver. Enquanto outros países reformularam no pós-guerra seu Direito, o Brasil continua preso a velhas concepções e fórmulas. Usando esse jurídico autocrático e esse Direito de cima para baixo, incapacita-se o avanço da participação do cidadão na construção de um país moderno.

**PROBLEMA:** No Brasil existe um paradigma que parece ser eterno: a ideia de que não temos uma identidade nacional. Esta ideia que exaustivamente foi teorizada continua a servir de pretexto para a eterna preponderância do Estado sobre o povo. Está escrito na Constituição Federal, "Que todo o poder emana do povo", mas o "mito" da identidade nacional continua a fomentar a formação do povo pelo Estado. Daí a necessidade da "ordem". Contudo, existem hoje mais de 70 milhões (Fonte:IBGE, 2018) de brasileiros na pobreza e mais de 49,7% (Fonte: SNIS, 2017) das pessoas não têm acesso a saneamento básico, sem falar que o Brasil tem mais de 62 mil (Fonte: IPEA, 2016) homicídios por ano. Devemos pensar se o progresso emana da ordem quando esta alija historicamente a soberania popular. Viver e optar pela ética envolve a todos no fazer o país.

**EXERCÍCIO:** A Constituição diz que a propriedade deve ter finalidade social. E são muitos os casos em que brasileiros são esquecidos em suas condições de vida. Procure exemplos em sua cidade em que a propriedade poderia atender melhor ao social, e faça um trabalho sobre o tema, colando imagens ilustrativas.

**LER:** O conto "Na Colônia Penal" de Franz Kafka.

**VER:** Filme "Zuzu Angel" (2006) do diretor Sérgio Rezende.

## 5.3. A ÉTICA EGOLÓGICA DE COSSIO

Hans Kelsen havia afirmado que o Direito é o mundo do dever-ser. Com isto queria Kelsen chamar a atenção que o Direito é portador de uma estrutura normativa que, todavia, só pode ser caracterizado como um *conjunto de prescrições*. A prescrição da lei, se de um lado orienta a tomada de decisões sentenciais a partir da análise da cultura social e dos fatos sociais relevantes já observados, por outro lado, não pode predizer com certeza a total e perfeita adequação ao fato novo.

Teria que ter "bola de cristal" o legislador ou teria que poder "parar a história social" de cada grupo humano. Quisesse Kelsen colocar um determinismo absoluto na norma, haveria de afirmar que o Direito é *Causalidade* (o mundo do ser) e não *Imputação* (o mundo do dever-ser) como o afirmou.

Carlos Cossio (1903-1987), aluno de Kelsen, persegue este objetivo, o de demonstrar o significado mais profundo e abrangente do conceito de dever-ser. Diz ele:

> *Em lugar de dizer "a é b", empregamos um verbo novo, uma nova relação lógica, e dizemos "a deve ser b"; e nesta nova relação lógica não está mediado o valor intrínseco do que deve ser segundo essa norma. De modo que à norma se deve unir a ideia de que o juízo em que consiste a norma se constitui com o verbo dever ser. (...) Este verbo dever ser tem em seu meio o problema de que considera o homem como homem, não o toma como autômato nem como uma coisa a mais entre as coisas do mundo, mas sim como personalidade que se autodetermina em cada momento. A conduta como conduta é o que afinal deve ser mencionado como a lógica jurídica kelseniana (El derecho em el derecho judicial,* 2002: 45).

Portanto, o dever-ser jurídico não é o que deve ser, ou aplicação pura e simples da norma, mas a interpretação do caso *sub judice* orientada pela norma. A validade normativa, em Kelsen, a referência da lei mais recente a um dispositivo normativo anterior, não é por si só determinante para possibilitar à norma o enquadramento absoluto do fato jurídico novo, tampouco da eficiência sentencial *per se*. O Direito é ciência humana, social e cultural; como tal a decisão sentencial, a que visa a dirimir litígios e a julgar condutas indesejáveis, parte da experiência concreta e "dialetiza" a relação entre a conduta, o sentido da conduta, o contexto e seus protagonistas, e ao vivenciar tal situação pretende compreendê-la, para só depois referir-se à norma como parâmetro de juízo e penalização.

Nesta realidade em que a decisão sentencial se abre aos fatos e procura vivenciá-los para compreendê-los, a norma, a estrutura normativa deixa de ser o ponto inicial e passa a constituir-se como intermediária no discurso dialético das partes em prol do convencimento sentencial, da delimitação da solução e eventualmente da pena como ressarcimento de dano causado a alguém ou à coletividade. Muito antes da norma se fazer presente de forma auxiliar a este ato sentencial, os agentes jurídicos hão de lançar mão de muitos outros fundamentos do Direito, e em uma sociedade minimamente democrática haverão de fazê-lo perante a autoridade com toda a liberdade para que conforme suas convicções possam instigar a decisão de culpabilidade ou inocência, de acordo com a vivência imaginária e simbólica produzida a partir dos fatos narrados e das provas que comprovam esses fatos. Nesse emaranhado de vivências subjetivas e de compreensões amiúde diferenciadas, a norma pode pouco além de friamente orientar tal discussão, e nada pode no sentido de predizer a eficiência decisória. Neste vácuo, ao contrário do que o dogmatismo apregoa, não é a lei, a estrutura de normas que fará justiça, mas exatamente diante da impossibilidade desta estrutura normativa, e da jurisprudência oficial, que o dever ser se agiganta como a responsabilidade ética das partes, principalmente do juiz e do júri, sozinhos em algum momento derradeiro, acompanhados unicamente pela consciência em seu Ser. Não é por acaso, como já se disse, que Kelsen tenha tido o brilhantismo de chamar o Direito de *dever-ser*, mimese em Kant de Ética.[22]

O que Cossio mais chama a atenção é que o Direito não trabalha com o "fato", mas com o "sentido" que está por detrás desse fato, ou melhor, o sentido por detrás da conduta humana em juízo. Diz-nos o autor:

> Um homicídio, por exemplo, é um fato em si mesmo, porém, segundo a lei que lhe aplicarmos terá um sentido diferente. A lei não é o sentido, senão somente uma parte desse sentido. A lei é a menção desse sentido, integrando-o como parte no processo de aplicação (*ibidem*, 2002: 47).

Portanto, o objeto do Direito não pode ser o fato em si mesmo, mas tão-somente o sentido que se emprestou àquele fato. Podem-se usar inúmeros exemplos positivados em nossos códigos. Basta-nos um ou dois desses exemplos para melhor compreender como o Direito de fato julga e delibera sobre os sentidos das ações humanas muito para além do fato tomado em si mesmo.

---

22. A mesma ideia foi por nós discutida no artigo "*A Ética da Personalidade e o Direito*", item 3. (*A Ética da Personalidade e o Direito. In* Revista da Faculdade de Direito – FMU, Ano XVIII, n. 26, 2004).

Por exemplo, podemos encontrar várias classificações para o homicídio, o fim da vida de outrem: de forma simples temos, o crime culposo – onde não houve a intenção de matar; o crime doloso – onde houve a intenção de matar; o crime hediondo – que são os crimes que merecem maior reprovação por parte do Estado; e ainda a legítima defesa – quando a pessoa, utilizando-se moderadamente dos meios necessários, repele justa agressão atual ou iminente a um direito próprio ou alheio – uma autotutela autorizada pelo ordenamento jurídico penal. O que julga e pune o Direito? Obviamente não o crime, o assassinato em si mesmo. Mas o sentido da conduta humana diante das contingências. Quem mata por legítima defesa cometeu um assassinato e um crime imputável juridicamente, mas é necessariamente julgado diferente de um assassinato premeditado e voluntariamente orquestrado contra a vítima, constituindo-se, neste caso, em "excludente de ilicitude". Ainda um segundo exemplo: o código penal brasileiro prevê crime de calúnia, crime de injúria e crime de difamação. No primeiro caso quando alguém acusa objetivamente outrem de ter cometido um crime a ele ou a terceiros, que posteriormente se verifica ser falsa a acusação. No segundo caso é falsa a acusação que atinge subjetivamente o acusado e no terceiro caso essa acusação compromete a honra objetiva do acusado injustamente diante de uma comunidade ou coletividade que transpõe o ferir subjetivo de sua pessoa. Ora, é evidente que existirão dificuldades enormes, quase intransponíveis, para que se separe injúria de difamação e mesmo que se ache o estreito limite entre este tipo de acusação infundada e a própria calúnia, principalmente quando envolve a acusação despropositada e de má-fé com dolo de bens materiais ou ações danosas sobre terceiros. O que julga então o Direito? Antes de tudo, julga-se a amplitude e o envolvimento da pessoa acusada indevidamente (a tal periculosidade), em relação aos possíveis fatos acusados e sua dimensão com os possíveis terceiros, se for o caso. Tarefa hercúlea e no mais das vezes absolutamente dependente da lógica argumentativa e jurídica empregada pelas partes e operadores de Direito.

Depois, e isto é, quiçá, mais importante para o caso, punir-se-á o difamador a partir das possíveis perdas e mal-estar, constrangimento e violência que o acusado por infâmia se viu diante das acusações indevidas. Pura reflexão contextual, absolutamente subjetiva em seu sentido, diante de fatos que nem sempre são concretizados, mas que ainda assim exigem do judiciário uma decisão e deliberação sobre o reparo dos "danos" causados, nos termos da lei.

Desta forma, reforça-se a ideia de que para os fatos, as leis que almejam de forma prescritiva os abranger, são apenas pontos de partida, marcos iniciais; repete-se: não a estrutura normativa, nem o próprio acontecimento ou fenômeno social, juridicamente imputável, podem mais do que fornecer as "pistas" para a análise e decisão jurídicas, o que, de forma cabal, restringe o dogmatismo normativo.

Assim o próprio autor se manifesta quando fala de sua teoria Egológica:

> Para a concepção Egológica do Direito, estas referências dogmáticas têm outro alcance. Todas as referências dogmáticas que podem trazer as leis, não fazem senão mostrar ou aludir à conduta humana. Assim, por exemplo, não é ao jurista a quem interessa a morte de um homem enquanto morte; isso interessa ao médico e é este quem a estabelece. Ao jurista e ao juiz lhe interessa a morte como ato de outro homem, ou dito em outras palavras, lhe interessa saber que sentido adquire a conduta do matador desde o momento e a raiz do motivo do homicídio. O mesmo quando se fala de inundação: ao jurista lhe interessa saber que sentido adquire a conduta dos ribeirinhos desde o momento e a raiz da inundação. Homicídio, inundação etc., são, antes de tudo, UMA FLECHA EXISTENCIAL, um ponto de partida da conduta que vai conhecer-se pela compreensão desde esse instante, mediante a valorização jurídica (Cossio, *ibidem*, 2002: 79).

A "flecha existencial" de que Cossio nos fala pode ser entendida em outro conceito: o de Tempo Jurídico. Chama a atenção o autor para a relatividade e "amorfismo" do julgar e sentenciar, com relação à (a)temporalidade com que os fatos chegam e são trabalhados juridicamente. Na verdade não existe tempo real na ciência jurídica: o fato ocorre, uma testemunha denuncia horas ou dias depois, a investigação e perícia se concluem muito tempo após – às vezes vários meses após –, e então começa o processual jurídico que envolve, no caso brasileiro, o ministério público, a distribuição ao juiz, a análise do caso em tela, as audiências preliminares, muitas vezes a volta à promotoria para novos trâmites, volta ao delegado e investigadores para novas e melhores provas, de volta pelo mesmo caminho até o juiz, e de novo a retomada da convocação das partes, advogado, testemunhas etc. De forma simples, quanto tempo depois do corrido efetivamente se julga e decide sentencialmente?! A discussão sobre o sentido das condutas e dos fatos acontecerá quando? *A reflexão de todos envolvidos, principalmente juiz e demais operadores do Direito, além das partes e das suas testemunhas, esta reflexão dialética e sua lógica jurídica, se verifica infinitamente muito tempo após a ocorrência. O Direito trabalha com um tempo virtual que se estende como um vetor que vai desde antes do fato social em si mesmo – as causas –, e para além da decisão sentencial – as consequências.*

Diante desta subjetividade, ou desta "egologia", desta "intromissão" do Ego no Direito, e diante desta dimensão do Direito como avaliador e julgador dos sentidos da conduta humana, desta dimensão do Direito a ser construído a cada caso por cima de um vetor existencial real dos fatos jurídicos e, por outro lado, do vetor existencial dos envolvidos e operadores do Direito, diante disto, o que mais se acusa a teoria Egológica é de levantar "a vela rumo às correntes da insegurança jurídica". Nada mais dogmático e falacioso: no fundo este discurso pela segurança jurídica vem normalmente dos que já desacreditam nela, ou têm consciência de que de fato ela não é para todos.

**PARADIGMA 12:** Um Direito que não esteja solidificado nos espíritos dos cidadãos tende sempre a ser prepotente, isto é, a ser obedecido por medo e não por sua eficácia. Muitas vezes o doutrinador e o operador do Direito definem a eficácia jurídica pela capacidade do Direito julgar e punir, quando, na verdade, em uma sociedade democrática a sua eficácia depende muito mais da aceitação da lei por parte do cidadão. Neste sentido Cossio, ao defender que o Direito estava no coração do povo, demonstrava que a eficácia jurídica exige a democracia. Por isso, a ideia kelseniana, de que uma norma pode ser validada por outra anterior, aproxima-se perigosamente de concepções sociais e jurídicas autoritárias. Normas em cascata podem criar um sistema normativo, mas não se pode afirmar que seja só por isso legítimo, porque carece de internalização e intersubjetividade.

**PROBLEMA:** A questão por trás desta bipolaridade – norma e aceitação – remete ao fato de o povo possuir uma identidade afirmativa de seu ordenamento jurídico. Esse é o problema que levava autores (Miguel Reale, *Filosofia do Direito*, 2002) a afirmar a necessidade de um Direito de cima para baixo, cuja eficácia é a capacidade de organizar a sociedade e não a aceitação jurídica pela mesma. Esta discussão está superada, na medida em que as sociedades mais democráticas tendem a validar a lei quando esta lhe traz benefício real, independente de internalização de seu sentido objetivo.

**EXERCÍCIO:** Das pichações nas ruas da cidade retire material para fazer seu trabalho, onde lhe pareça que existe mais o interesse pessoal do que a internalização de um sentido jurídico objetivo (coletivo).

**LER:** O poema "Transposições" do livro "Folhas de Relva" de Walt Whitman.

**VER:** Filme "A Vida de David Gale" (2003) do diretor Alan Parker.

A resposta da teoria Egológica é a da "conduta compartilhada", ou intersubjetividade (de volta a Hegel!). Traduzido de forma simples, esta intersubjetividade significa a máxima do Direito de "que a liberdade de um termina quando começa a liberdade do outro". Se se fizesse uma pesquisa e se perguntasse, por exemplo, a um grupo significativo de alunos de Direito se concorda com este axioma, não há dúvidas que todos devem responder que sim. Mas se se perguntasse imediatamente qual a melhor forma de conseguir este objetivo na convivência social, também não há dúvidas que a esmagadora maioria, para não dizer todos, responderia "a lei". Esta pesquisa se repetida entre os profissionais do Direito, não alteraria estatisticamente os resultados. Ou seja, de forma bastante geral, os profissionais e futuros profissionais jurídicos não têm dúvidas quanto há necessidade de antepor limites à conduta humana de forma a que exista o respeito ao Outro e a possibilidade de harmonia e paz social. Mas só enxergam esta possibilidade através *da jurisdição do Estado* e suas instituições legais – o Direito, a lei, o sistema de normas, o ordenamento jurídico.

E é exatamente este normativismo que Cossio contesta: se depender unicamente da lei e do sistema jurídico, não existe possibilidade concreta de se realizar aquela máxima. Porque nenhuma lei e nenhum sistema normativo e jurídico, por mais bem elaborado e eficiente que seja, pode dar conta de todas as situações de convívio social onde esta máxima seja imperiosa: na verdade, só se recorre ao jurídico – pelo menos assim parece ser lógico –, quando de forma subjetiva, no âmbito das relações cotidianas, fracassou a intersubjetividade e o litígio se torna intransponível pelo menos diante da vontade de um dos litigiosos.

De forma geral os indivíduos resolvem aderir ao respeito de limitação de suas liberdades para reconhecer a dos semelhantes. Se assim não fosse o colapso de todo sistema normativo e jurídico obviamente seria inevitável. Isto é o sentido do sistema egológico: ou aderimos a máximas como esta de forma subjetiva, pessoal e individualmente, e as acatamos como necessárias por vontade e adesão espontânea, ou não aderimos, e desta feita, não seria um sistema de normas e um aparato tecnojurídico que faria vingar tais limites. É espinhoso que profissionais de Direito e seus discípulos não consigam ou não queiram entender que o Direito, ou melhor, o Dever está para o convívio muito além de leis e da obediência a elas por medo. O Direito Positivo só pode existir em função do Direito Subjetivo. Este Direito Subjetivo é, na verdade, um Dever de cidadania: a jurisidição do Estado emana da soberania popular.

## 5.4. A ÉTICA SOCIOECONÔMICA DE MARX

Kant havia dito que era impossível para o homem conhecer a verdade, na medida em que o "real" é sempre uma interpretação mental. Quando o homem acredita captar a realidade apenas se esforçou, apesar do rigor científico, para que a razão interpreta-se as coisas, daí derivando "imagens" e explicações que não são em si mesmas a essência. Neste sentido, para o homem a verdade é uma simples conjectura. O real incognoscível.

Posteriormente, Arthur Schopenhauer (1788-1860) argumentou que apesar de Kant ter razão quanto às coisas e fenômenos da natureza, portanto, externos ao homem, havia algo que o homem podia ter absoluta certeza de suas formulações a respeito. Esse algo sobre o qual a razão pode formar a verdade e capturar o real, para além das interpretações e das formulações reflexivas, é o próprio homem. Para si mesmo, cada ser humano é uma verdade irrecusável e inalienável. Schopenhauer acreditava que o sofrimento humano era praticamente irrefutável e que a felicidade obstinadamente inalcançável. A máxima 'péssimista' deste autor é que o sofrimento e a infelicidade se originam na perda (afinal sabemos o quanto a modernidade procura afirmar este pressuposto (Hegel), e quanto Freud perseguiu este princípio de 'perda'). Logo, o mais sensato, diz Schopenhauer, é o homem não se apegar às coisas e igualmente às pessoas. Uma vida ascética e de eremita, uma vida quanto muito, contemplativa, um refúgio na beleza da natureza e possivelmente na arte (nos Gregos, também na obcecação de Hitler?), evitariam o sofrimento da perda. No entanto, a consciência da finitude, da morte, é inexorável para aquele indivíduo que se 'olha no espelho', daí a necessidade deste autor de refutar a máxima kantiana de que tudo não passa de interpretação reflexiva. Em Schopenhauer pelo menos uma coisa não é pura interpretação: a solidão e a perda são características invioláveis do espírito humano, pelo menos em relação à consciência sobre a 'morte'. Pode-se dizer que na pós-modernidade um dos elementos mais formadores é precisamente esse sentimento de isolamento e perda, e por isso parece tão difícil e mesmo despropositado aos comtemporâneos se oferecerem a escolhas éticas, pouco prazerosas para os espíritos que de fato se sentem sós e cuja 'fuga' está no ascetismo religioso ou comtemplativo. Como Enrique Dussel adverte (*Ética da Libertação*, 2000), esse comportamento monástico não provoca mudanças pertinentes e necessárias de forma a libertar os homens da dominação e exploração, consequentemente pode ser visto como uma desculpa para o sofrimento, mais do que sua fuga irresponsável.

No pensamento marxista, que se desenvolveu na segunda metade do século XIX como a Filosofia da Práxis, o pensar humano sobre si mesmo, não imediatamente sobre o Outro, implica em revigorar e conectar um conjunto de determinações causais que estão na base da própria sobrevivência material, da construção da vida como ela se apresenta concretamente a cada indivíduo. Aqui, a verdade tanto sobre as coisas exteriores como sobre si mesmo, interiormente, portanto, são tão verdadeiras quanto as estratégias de vida material puderam formar os arquétipos mentais. Deste ponto de vista a verdade é a verdade material e concretamente produzida.

Ao longo da história da Filosofia vários autores desenvolveram conceitos e seus pensamentos dentro de visões de Materialismo e de Dialética, separadamente. Por exemplo, existiram materialistas como Epicuro de Samos, John Locke e David Hume. O materialismo, grosso modo, pode ser caracterizado como a crença nos objetos como coisas concretas e reais a partir das quais o pensamento humano procura realizar, imaginar e explicar, a si mesmo como Ser, toda a existência e o próprio Universo. Portanto, os objetos, as coisas, os seres, possuem uma existência real e concreta independente do *cogito* humano; inversamente, o Idealismo fundamenta-se no pensamento e no *cogito* do próprio Ser como o idealizador dessa realidade material circundante. O Empirismo é uma visão filosófica materialista na medida em que coloca a experiência social como a base de sua construção eidética.

Por outro lado, a Dialética também apresenta vários autores ao longo dos tempos, como o pré-socrático Heráclito de Éfeso (540 a.C. – 470 a.C.), depois Sócrates, Aristóteles e Hegel. De forma simples, dizemos que o pensamento é dialético quando é produzido por contradições (tese e antítese), oposições que se complementam e resultam em uma nova posição ou explicação. Na filosofia clássica grega, essa oposição era construída da discussão entre opiniões diferentes, portanto, muito mais idealista que materialista; em Sócrates esse confronto de ideias levaria a uma posição mais próxima da verdade, enquanto em Aristóteles esse mesmo antagonismo teórico-ideológico poderia levar a várias possibilidades verídicas (conceito de *Topoi*). Hegel é herdeiro deste idealismo dialético, porquanto a oposição e a síntese possível são construídas no e pelo espírito humano (Idealismo Dialético).

Só em Marx e Engels, finalmente, a dialética deixa cientificamente seu ideário idealista e se une ao materialismo, passando a construir a razão de ser e existir de cada fenômeno a partir de sua complexidade real e concreta, mas sempre em oposição e complementação a outros tantos fenômenos, objetos e seres (múltiplas determinações). Estes autores são, por assim dizer, os novos mentores do que se convencionou chamar de "unidade da diversidade", o Materialismo Histórico Dialético, método que vai influenciar vários pensadores do século XX (Luckács, Althusser, Marcuse; Castoriadis, Sartre, Arendt; Lênin, Rosa Luxemburgo, Gramsci; Caio Prado Jr., Florestan Fernandes e Otávio Ianni).

Uma possibilidade de análise em Filosofia e ética jurídica é aquela que resgata e afirma a vida concreta dos indivíduos na produção de sua existência (Karl Marx (1818-1883); Friedrich Engels (1820-1895)). Uma existência em primeiro lugar, material, quer dizer, a forma real como os homens produzem os bens necessários à sua subsistência, posto que qualquer Filosofia só pode habitar seres pensantes vivos. Assim, a condição primeira da possibilidade de filosofar e de criar ciência, também a ciência jurídica, é permanecer vivo o ser humano. Para tal, ele precisa trabalhar e criar as condições de sobrevivência, que, diante da natureza inóspita, lhe suscita uma quantidade considerável de necessidades: alimentar-se, vestir-se, proteger-se, procriar-se em condições propícias, entre outras. Em traços gerais esta é a ideia materialista do *Marxismo*.

Os pais da práxis moderna, Marx e Engels, unindo o materialismo científico com a dialética, conceberam que:

> (...) Moral, religião, metafísica e qualquer outra ideologia e as formas de consciência correspondentes a elas, não mantêm mais a aparência de autonomia. Não têm história, não têm desenvolvimento, mas desenvolvendo a sua produção material e o seu intercâmbio material os homens mudam, com esta sua realidade efetiva, também o seu pensamento e os produtos do seu pensamento. Não a consciência determina a vida, mas a vida determina a consciência (...) (*A Ideologia Alemã – Feuerbach [1845], In* Florestan Florestan (org.). Marx e Engels – História, 1983:193).

Aqui, cabalmente, a Filosofia se transforma em vida prática na medida em que o pensar se ordena de acordo com a concretude da produção da existência material dos homens, logo, as representações ideológicas, "imaginárias" (Castoriadis), afloram ao espírito do Ser – como consequência, não exatamente após. Dizem eles que:

> (...) esses três aspectos da atividade social (produzir os bens necessários à sobrevivência material mais básica, comer e beber, morar, vestir; o inexorável incremento de novas necessidades ao fim de cada uma delas suprida; a reprodução humana, a família) devem ser tomados como três estágios diferentes, mas tão somente como três aspectos ou, escrevendo claro para os alemães, como três "momentos" que existiram simultaneamente desde o início da história e desde os primeiros homens, fazendo-se valer ainda hoje na história (*Ibidem*. 1983: 195-96).

Outro aspecto dessa vida prática como realidade na produção da existência humana, é que, decorrente dessas necessidades de sobrevivência, pelo trabalho coletivo, os homens estão destinados a engendrar historicamente modos produtivos, vale dizer, desenvolver determinadas ferramentas de trabalho e com elas relações próprias de produção, que se alteram e desenvolvem na proporção exata das novas exigências da vida concreta, material e espiritual. Portanto, um desenvolvimento e revolução tanto quantitativa como qualitativa, uma síntese de meios e formas de produção dialeticamente destinadas a estágios superiores de desenvolvimento no processo civilizatório.

Não podemos, no entanto, supor o processo histórico linearmente: múltiplas determinações interferem neste caminhar de forma tão diversa que dificilmente encontraremos a repetição de tal desenvolvimento nos grupos humanos, mesmo porque os níveis de consciência demandados em cada estágio de um modo de produção são "autônomos" no interagir e criam, por assim dizer, uma plasticidade com desdobramentos imprevisíveis e indecifráveis, levando por sua vez a contextualizações e estratégias de existência absolutamente distantes umas de outras. Práxis entendida como processo histórico social, coletivo, filosoficamente imbricado com a materialidade da produção da sobrevivência do Ser, compõe um quadro de difícil enquadramento em teorias positivistas.

Georg Lukács (1885-1971) afirma que:

> Só a dialética histórica cria uma situação radicalmente nova. Não só porque nela se relativizaram, ou, mais exatamente, se tornaram fluidos os próprios limites, não só porque todas as formas do Ser, de que o absoluto é, sob estas diversas formas, a contrapartida conceptual, são dissolvidas em processos e compreendidas como fenômenos históricos concretos, de maneira que o absoluto é compreendido no seu aspecto histórico concreto, como momento do próprio processo, mais do que negado abstratamente; mas também porque o processo histórico é, na sua unicidade, na sua progressão e nos seus recuos dialéticos, uma luta ininterrupta para alcançar etapas mais elevadas da verdade, para aceder ao autoconhecimento (social) do homem (*História e Consciência de Classe* – Estudos da dialética marxista, 1989: 210).

De todas as formas, o processo histórico cria uma dualidade subjetivo/coletivo só passível de coerência e sentido quando indivíduos de igual espécie dependem uns dos outros para a construção dessa mesma subjetividade, de um lado, e do outro, da sobrevivência coletiva. O próprio Marx demonstrou esta relação ao afirmar:

> O homem – por mais que seja por isto um indivíduo particular, e exatamente a sua particularidade faz dele um indivíduo e um ser comunitário individual efetivamente real – é igualmente a totalidade, a totalidade ideal, a existência subjetiva da sociedade sentida e pensada para si, assim como ele também existe na realidade efetiva

> tanto como intuição e fruição efetivamente real da existência social quanto como uma totalidade de manifestação humana de vida (*Manuscritos Econômico-filosóficos [1844]*, Ibidem 1983: 172).

Nosso olhar sobre a ética considera o materialismo histórico dialético, a práxis, como princípio científico que vê o homem não como um ser finalizado, mas a construção do Ser como produto de determinações históricas múltiplas, preso a um processo histórico de estratégias cotidianas pela sobrevivência material, modos produtivos relacionados reciprocamente, a partir dos quais o Ser relaciona concomitantemente seu espírito e seus níveis de consciência, vale dizer, a partir dos quais cria a Filosofia e em seguida toda a superestrutura jurídica, as leis, o Direito e o Estado.

Ora, assim vistas as coisas, não há mais como encarar o Ser com uma autossuficiência absoluta capaz de lhe dar uma constituição pela metafísica divina ou por uma ontologia natural especial como em Kant – toda a construção do Ser é necessariamente social. Qualquer produção filosófica tem que vir a par do "modo de viver" que o produz materialmente: há que se reconhecer que são nas cercanias dos meios e formas de trabalho de cada momento determinado, que se produzirão concretamente as possibilidades de qualquer atitude e comportamento filosófico novo. Como em Lukács:

> Só deste ponto de vista a história se torna realmente história do homem. Efetivamente, daqui em diante nada surge nela que não possa ser remetido para as relações dos homens entre si, fundamento último do seu ser e da sua explicação (*ibidem*, 1989: 208).

Esta "limitação relacional", no entanto, não retira a lucidez do visionário como Ser cuja volição o impele ao sonho e ao devaneio (a "vontade de poder" se se quiser); não impede de ver além daquele momento histórico e mesmo de ir além dele (aqui está a transcendência espiritual da práxis que não é apenas material) – mas nunca exteriormente a ele, nunca verdadeiramente descolado de sua práxis. Também não retira a possibilidade de sentir que o "Eu é verdadeiramente o Eu", com todas as implicações valorativas na constituição da própria identidade do Ser (liberdade e personalidade, vontade e crença etc.), pois nenhum Ser produz tais valores volitivos sem interpretar o que percebe como "real", primeiro por sua relação refletiva com as coisas, segundo pela sua relação social com os Outros. No plano jurídico essa limitação significa produzir a normatividade, subjetiva (regulação pela norma informal) ou objetiva (regulação pela norma formal), que construa a necessária convivência "pacífica" tanto quanto seja pacífica a estratégia de sobrevivência de todos em meio a interesses individuais e de classe antagônicos.

*Simplesmente o que a Filosofia da práxis não concebe é que a produção material dos homens em suas estratégias de sobrevivência não "interfira" nessa produção da consciência do Ser e que, portanto, toda a tentativa filosófica estará sempre, em última instância, absolutamente envolvida, embebida por essa materialidade, em processo, da história do homem e de seu trabalho.* Não exatamente, portanto, qualquer determinismo de categorias ou níveis uns sobre os outros. Mesmo os fluxos (Deleuze/Guattari) precisam, pelo menos no nível da vida sociopolítica humana, de alguma substância para se "desenharem", como o artista precisa da tela, por mais que se sente na sua frente sem qualquer noção do que pintar.

Evidentemente, por este princípio, acontece como um "segundo momento", contudo, não menos importante, que valores e formas jurídicas dialeticamente procurarão apresentar à base estrutural suas interpretações dos momentos históricos e suas preposições "novas", como as utopias que fogem alternativamente às ideologias dominantes e oficiais.[23] Estamos diante de uma fenomenologia existencial e de um humanismo histórico.

Desde os primórdios da sociedade humana esta relação entre homens para produzirem os bens necessários à sua sobrevivência se reveste de um caráter econômico primordial para a produtividade: a divisão do trabalho social. Ainda aqui é preciso reafirmar, portanto, que todo este trabalho é apenas natural enquanto necessariamente ontológico, isto é, natural no sentido que os homens assim o fazem como condição *sine qua non* de sua sobrevivência, vale dizer, não o fazem de forma voluntária. Logo, a sua relação com os objetos que fabrica para produzir (instrumentos de produção), e sua relação com os produtos de seu trabalho (objetos de consumo) se reveste de um

23. Conceito de Karl Manheim: "(...) Iremos referir como utópicas somente aquelas orientações que, transcendendo a realidade, tendem, a se transformarem em conduta, a abalar, seja parcial ou totalmente, a ordem de coisas que prevaleça no momento. (...) Esta orientação incongruente somente se tornou utópica quando, em acréscimo, tendeu a pôr fim aos laços da ordem existente (...)" (*Ideologia e Utopia*, 1982: 216).

caráter tão natural quanto; da mesma forma, não voluntário. Ainda mais, no âmbito da necessária divisão do trabalho, as relações com o outrem derivadas da produção – uma crescente necessidade de produzir mais e melhor para atender a demandas sempre crescentes, tanto quantitativas como qualitativamente – menos voluntárias se apresentam aos homens, e, neste sentido, mais naturais lhe parecem.

O trabalho humano, a rigor, não é uma opção que os indivíduos possam fazer, mas uma necessidade de sobrevivência. E esta não opção exige dele, de um lado, o desenvolvimento de seu ser como tal (transformação do corpo e da inteligência), de outro, o desenvolvimento de tecnologias capazes de suprirem por seu trabalho aquelas necessidades. Como essas necessidades só fazem crescer no processo mesmo de desenvolvimento de seu ser (quero e preciso de novos bens), de sua sobrevivência como espécie (o grupo humano cresce pela procriação) e das dificuldades encontradas diante da natureza (para usufruir dela e das intempéries que lhe são próprias), então só existe uma alternativa para esse homem: criar e recriar permanentemente, de forma quantitativa, mas, sobretudo, de forma qualitativa, as condições de sua sobrevivência material, ao mesmo tempo intelectuais e fisiológicas. Novas necessidades geram novos problemas, que geram novas soluções, que geram novos problemas e assim infinitamente.

De tal forma este ciclo virtuoso se repete que, pelo trabalho, o ser humano desenvolve-se como tal, física e intelectualmente, e desenvolve juntando todas as condições materiais, econômicas e políticas, de sua existência real, tal como ela é numa determinada relação histórica, primeiro com o ambiente natural que o circunda, segundo com os seus semelhantes. Na relação com a natureza se apropria dela e a transforma em produtos de sua sobrevivência, desenvolve os instrumentos e seus processos de trabalho; na relação com seus semelhantes desenvolve as relações sociais de produção, que juntamente com aqueles instrumentos e processos de trabalho, constituem as forças produtivas motivadoras da humanização. Então, esta humanização se dá, de forma concomitante, por duas razões: pelo desenvolvimento intelectual e físico necessário para um trabalho materialmente constituído e pelo desenvolvimento das relações sociais estabelecidas a partir já desta mesma produção e suas formas específicas. Como todo este ciclo virtuoso de desenvolvimento se verifica na construção da existência material, pelo trabalho e pelas forças produtivas e relações sociais daí decorrentes, pode-se afirmar que é na práxis que o ser humano se constitui como tal. A práxis é, portanto, um conceito histórico e dialético.

Primeiro, é histórico porque concebe uma multiplicidade de condições diante das quais cada geração de seres humanos se depara, isto é, condições que não são as mesmas a cada momento e em cada lugar. Em segundo lugar, porque o homem agora não é apenas agente passivo como em Comte, não apenas interpreta as leis imutáveis do universo e de tudo nele, mas participa ativamente do processo de construção de sua vida material, que como se disse, é impulsionado por necessidades crescentes que objetivamente precisam ser supridas. Assim, pode-se dizer que a história da humanidade é, em última instância, a história do engenho humano na superação das dificuldades e problemas que sua própria existência recoloca inexoravelmente. De certa forma, a história é a história da produção qualitativa, do desenvolvimento qualitativo dos meios e formas de produção, de onde todas as relações sociais são oriundas. A práxis é a própria história humana.

> A tarefa da história, desta forma, depois que o mundo da verdade se apagou, é constituir a verdade deste mundo. A imediata tarefa da filosofia, que está ao serviço da história, é desmascarar a auto-alienação humana na suas formas não sagradas, agora que ela foi desmascarada na sua forma sagrada. A crítica do céu transforma-se deste modo em crítica da terra, a crítica da religião em crítica do direito, e a crítica da teologia em crítica da política (Karl Marx, *Manuscritos Econômico-Filosóficos*: Contribuição à Crítica da Filosofia do Direito de Hegel, 2001: 46).

Ao mesmo tempo, a práxis é dialética na medida em que parte de contradições inerentes ao devir humano. Contradição entre a natureza e a sobrevivência humana, contradição entre necessidade e superação, entre problema e resolução, formas e meios de produção de um lado e relações sociais de produção de outro, vida material e intelectual, individual e coletivo, Economia e Filosofia, solidariedade e classes sociais antagônicas, emancipação e regulação, norma e individualidade, democracia e tirania, Estado e liberdade, Direito Positivo e Direito Histórico-dialético. No embate entre os opostos, permanentemente se reformam situações anteriores, ideias que pareciam petrificadas, dogmas inquestionáveis, formas de trabalho incompatíveis com relações sociais, e vice-versa, formas jurídicas incompatíveis com relações sociais reais. O movimento está por toda a parte, um movimento humano, que da contradição se complementa em práticas e pensamentos novos, para logo ficarem velhos, e darem lugar a novos comportamentos e reflexões sobre a existência – o trabalho e a filosofia humana.

A relação entre Filosofia e Práxis, é assim comentada por Marx, no texto Contribuição à Crítica da Filosofia do Direito de Hegel, quando se refere ao pensamento e política alemã de seu tempo:

> Assim, é com razão que o grupo político prático na Alemanha exige a negativa da filosofia. O seu erro não está em estabelecer tal exigência, mas em limitar-se a uma exigência que ela não torna, nem pode tornar, competente. Julga que está apto a realizar esta negativa dando as costas à filosofia, olhando para qualquer outra parte, e sussurrando algumas frases banais e mal humoradas. Em razão da sua mesquinha maneira de ver, não considera a filosofia como parte da realidade alemã e considera até a filosofia como abaixo do nível da vida prática alemã e das teorias que a servem. Como ponto de partida, exige-se o real germe de vida, mas esquece-se de que o real germe de vida da nação alemã até agora só brotou no seu crânio. Resumidamente, é impossível extinguir a filosofia sem a realizar (Ibidem, 2001: 51).

O Estado e o Direito fazem parte da superestrutura social. A infraestrutura é a produção material, as forças produtivas e suas relações sociais de produção. Entre a base, a produção material e essas relações sociais a infraestrutura, e a colossal institucionalização do Estado e do Direito que o legaliza, o aparato jurídico social, a superestrutura, interpõe-se a produção filosófica dos homens, que interpretando as suas condições e relações materiais de produção, desenvolvem intelectualmente a compreensão e explicação dessa produção e dessas relações, a vida concreta, e, que de alguma forma, pretendem organizar e controlar, a partir dessa produção consubstanciada no aparato jurídico-político, o Estado de Direito.

Portanto, deste ponto de vista, o Direito é consequência da existência material dos homens; não uma visão idealizada dessa existência. Mesmo quando pretende ordenar o comportamento e convívios sociais, o Direito só poderá fazê-lo legitimamente, de verdade, a partir dessas condições concretas da produção da existência dos seres humanos, de suas formas específicas e históricas de produção e das relações sociais que delas derivam. Ao mesmo tempo, o faz através de um processo de compreensão e racionalidade derivado dessa mesma produção e suas relações, o que implica admitir logicamente que a Filosofia que possa estar por trás do Direito, passou antes por uma concepção institucional, seja ela qual for, advinda dessa infraestrutura socialmente produtiva.

A rigor, pois, o Direito vai sempre refletir, como produto de uma racionalidade filosófica determinada, os meios e formas de existência material dos agentes sociais, em processo produtivo, e das relações que estabelecem a cada momento dado para se "complementarem" na produção. Mais, a própria Filosofia, só pode refletir, de forma lícita, essas mesmas condições e relações produtivas. Daí deriva, claro está, a inversão que o Direito Histórico faz em relação à Filosofia positiva: não é a norma que determina a conduta social, mas sim o comportamento na produção social que determina a norma! Não é também uma visão filosoficamente estéril do Direito que o faz mais coerente e mais verossímil, que, evidente está, só pode criar conceitos e axiomas cuja última explicação é o imponderável, hipóteses não refutáveis pela realidade da vida dos homens, porque nada têm a ver com ela.

O que pode dar à Ciência Jurídica um caráter verdadeiro e legítimo é uma Filosofia que, por princípio, já nasce presente, concreta, refutável em tese pelo fato de fazer a opção pela realidade, pela vida dos homens como ela é. A Filosofia do Direito, neste sentido, só consegue legitimá-lo como ciência, na medida em que busca a razão da regulação e da norma, da lei e de seu caráter prescritivo, numa racionalidade que seja presa incontinente da vida real e de sua complexidade nas estratégias de sobrevivência e na agenda que estas estratégias engendram na práxis humana, matéria e espírito num todo, construído dialeticamente pela sobrevivência humana. Se se quer encontrar a "norma fundamental" tem-se que a procurar na existência dos homens como eles a produzem e a racionalizam. Ali, onde homens concretos se fazem, ali fazem as normas, as regras, os costumes; ali se "amalgama" a lei, o espaço jurídico-político que lhes ordenará e organizará o convívio e comportamentos sociais. Mas ali, de acordo com o barro que usam, de acordo com o machado que fabricam, ali, de acordo com a divisão social do trabalho que criam. "O direito não pode ser nunca superior à estrutura econômica nem ao desenvolvimento cultural da sociedade por ela condicionado" (Karl Marx, *Crítica ao Programa de Gotha,* [s.d]: 214).

A "Ordem", desta feita, não é a coerência possível a uma normatividade ad-histórica. A "Ordem", por assim dizer, se corporifica, torna-se inteligível como produto de uma normatividade que tem raízes, não na outra norma precedente como em Kelsen, mas na vida humana, na produção humana, nas relações sociais da produção humana, na interpretação dessa realidade levada a cabo pelo filósofo. Não é a norma que faz a "Ordem", mas uma determinada "Ordem" que faz a norma se parecer com ela e sustentá-la. Em decorrência, se a organização e a "Ordem" existente na vida concreta dos homens são do tipo classista, de dominação, opressoras, discriminatórias etc., a norma correspondente tem tudo para sair de acordo com essa "fôrma". *Isto é, a normatividade jurídica precisa fazer um esforço significativo para que enxergue além das relações e mecanismos sociais de produção da vida mesma, e possa efetuar uma crítica da realidade material que lhe dá substância e forma.*

Por outras palavras, e simplificando, a norma jurídica será produto das relações e mecanismos de produção material da vida dos homens; se estas relações e estes mecanismos não são justos e não primam pela igualdade de condições de vida e concretização das potencialidades humanas, por exemplo, se são de exploração do trabalho humano "mercantilizado", o Direito será, em princípio, o "suprassumo" dessa realidade.

**PARADIGMA 13:** Um código de ética depende dos níveis de consciência de uma época. Esses níveis de consciência podem ser favorecidos por máximas morais que são o reflexo do nível de consciência coletivo. O que o marxismo afirma é que esses níveis de consciência individuais nunca estão na maioria dos agentes sociais muito acima da média; essa consciência coletiva está, por seu turno, diretamente relacionada com as formas e os instrumentos de produção – as forças produtivas – que engendram determinadas relações sociais. Assim, a evolução do espírito humano anda de mãos dadas com a evolução do modo de sobrevivência material de uma época, a significar, pois, que a Moral e a ética se desenvolvem de acordo com o movimento real da existência humana e não como forma autônoma do espírito ou razão.

**PROBLEMA:** Ao perceber que o desenvolvimento material tecnocientífico levaria à destruição da convivência ética e que a Moral seria solapada das consciências humanas, os materialistas do século XIX – marxistas e anarquistas – defenderam que primeiro os homens deveriam revolucionar as bases concretas sobre as quais erguiam sua sobrevivência. Nos sistemas atuais de trabalho e produção há que se concordar que será muito difícil que os homens estejam dispostos a revoluções e à emancipação de seus espíritos em prol de uma ética que privilegie a vida coletiva e a intersubjetividade.

**EXERCÍCIO:** Estamos fadados a níveis maiores de alienação ou você acha que é possível recriar outro sentido de convivência em meio aos dispositivos de vigilância informacionais? Responda e comente um caso de sua experiência onde a ética foi deixada de lado em virtude de uma necessidade de sobrevivência.

**LER:** O conto "O Arquivo" de Victor Giudice.

**VER:** Filme "A Balada de Narayama" (1983) do diretor Shohei Imamura.

A possibilidade de reverter esse quadro de ordenamento e controle social que preserva essas condições de desigualdade depende, em parte, e só em parte, do esforço para que o filósofo do Direito crie uma teoria normativa capaz de questionar tal realidade e que seja de tal monta profícua para ser capaz de, no comportamento e práticas do Direito cotidiano, executado pelo poder judiciário e todos os a ele relacionados – inclusive o professor e o aluno do Direito – modificar substancialmente essas relações. *Como, em última instância, são essas relações e mecanismos que impõem a Filosofia oficial e a regulação do Direito, reproduzido assim no poder de Estado e seu aparato policial, o filósofo e os indivíduos interessados de forma geral, deverão lutar primeiro para que as condições materiais de reprodução material da existência humana se modifiquem. Isto é, a rigor, mais importante: modificar primeiro os mecanismos de produção e as relações que deles derivam.*

## 5.5. A ÉTICA NO EXISTENCIALISMO DE SARTRE

O *Existencialismo* do século XX, o de Jaspers e Heidegger (existencialismo cristão) ou o de Sartre e Camus (existencialismo ateu), se afasta da visão de práxis dos teóricos do materialismo histórico dialético. Em linhas gerais, o Existencialismo ao apregoar que a existência precede a essência se assemelha à práxis marxista; a diferença fundamental está no fato de que para o Existencialismo a condição humana deixa de ser a luta pela sobrevivência material, e passa a ser o inexorável "ato de decisão".

Neste ínterim, o eixo central da filosofia de Jean-Paul Sartre (1905-1980) desloca-se da construção objetiva do Ser para a sua construção subjetiva. Desta forma, o processo histórico, se do sujeito, portanto subjetivado, passa a ter um valor alternativo à dialética produtiva, apresenta-se como o ato de vontade, quer dizer, voluntário e autônomo do homem. A relação do homem com a produção de sua existência deixa de ser, em termos comparativos, um ato natural para ser um ato voluntário de tomada de decisões diante da natureza, das coisas, dos objetos e dos outros homens. De certa forma, a imanência da consciência que derivava do processo de sobrevivência, agora deriva dialeticamente das opções decisórias que o ser assume diante da natureza e das relações sociais de sua existência.

Na mesma medida em que no Marxismo, em última análise, a consciência se produz a partir da sobrevivência material, no Existencialismo é a sobrevivência material que se produz a partir das decisões tomadas pela consciência. Mas não é um idealismo transcendental: é em contato com a existência mesma que o Ser se vê diante de uma miríade de situações problemáticas e se obriga a tomar decisões que condicionam, por sua vez, o existir. Parte-se da existência, mas volta-se a ela por um ato autônomo de decisão que o Ser faz para si como condição de realização do gênero humano. Decidir é a "pedra filosofal" que transforma os homens em seres cognoscíveis e, portanto, lhes dá a forma própria e individual de humano.

Entrementes, decidir pode ser um ato de vontade voluntário, mas diante da realidade existencial optar por algo é sempre descartar uma relação de outras opções e possibilidades. A agenda que o Ser constrói, de forma voluntária e intencional, a cada situação e problema existencial apresentado à sua consciência, o levará sempre, irrefutavelmente, à perda de algo e, necessariamente, à tensão de não poder antecipadamente saber se suas decisões foram acertadas, ou mais corretas, ou as menos danosas para si e para o convívio social, portanto, para os Outros. No fundo, essa tensão primordial, essa possibilidade de erro é que nos constrói como seres diferenciados, autônomos, é que constrói o Ser individualmente, mas condena esse mesmo Ser à eterna dúvida e à escravidão de uma liberdade que tem como consequência o peso da decisão tomada, principalmente porque envolve outros seres.

De qualquer forma, só no processo histórico, vale dizer, no devir das realizações humanas, é que o Ser poderá descobrir o peso dessa liberdade. Por outro lado, esse humanismo, essa centralidade, em princípio, no homem, demanda uma questão política e jurídica essencial, que, no mínimo – diante dessa circunstância de que a decisão, ainda que a partir da realidade dada, será sempre para o Ser sua condenação, a possibilidade do erro –, faz a questão da liberdade tomar vulto e ter um papel central nas relações e estratégias de vida dentro de determinado grupo.

Sem liberdade será impossível que o Ser decida, se transforme e realize como Ser mesmo, autônomo e consciente, e, portanto, não fará sentido que algum poder impossibilite essa liberdade, ao mesmo tempo, um ato de vontade próprio, uma opção existencial com todo o peso que daí demanda na agenda de sobrevivência de si e de todos com os quais priva o espaço social, mas que demanda também uma liberdade que está relacionada com as formas de sobrevivência do grupo no nível do político. *Em resumo, o Ser arca com o peso de sua decisão ontológica, mas depende do fator liberdade que lhe é exterior. Logo, diante da impossibilidade de decidir livremente, nenhuma instância social poderá exigir cumprimento jurídico de normas, e toda a punição será espúria no sentido de que o ato ou é alheio à vontade do indivíduo ou carece liberdade e informação para ser legítimo.*

Para Sartre, o foco dado ao "existir antes do agir" aproxima, e ao mesmo tempo afasta o Existencialismo do Materialismo marxiano - tais aproximações e distanciamentos podem ser verificados na obra sartriana *Crítica da Razão Dialética* (editada em 1960 [1985]). Em uma mudança fenomenal Sarte capta os conceitos de Marx de elevação de consciência e os transforma a partir da base material/ existencial (aproximação) do indivídual ao coletivo (Consciência-em-Si até a Consciência-para-Si - como em Marx) e de volta do coletivo ao individual (Ser-em-Si até o Ser-para-Si). Em Marx a Consciência-em-Si significa que, por exemplo, o operário de uma fábrica experimenta individualmente as mesmas condições de exploração e dominação por parte do capital, mas esta consciência ainda particular não é capaz de organizá-los em movimento de classe contra os patrões; mas ao mesmo tempo em que percebem individualmente sua condição semelhante de classe, esses operários de uma fábrica, e em seguida de muitas fábricas etc., se encontram e reconhecem essa mesma condição dada pelas relações objetivas comuns de exploração e dominação, quando então, podem se organizar e enfrentar o capital, adquirindo Consciência-para-Si.

Para Sartre o "Ser" no lugar da "Consciência" indica o lugar de importância que o indivíduo adquire na sua filosofia existencialista - cuja consciência maior não está na experiência comum do operário/ trabalhador, não se daria nas condições materiais de produção, pelo trabalho -, mas no esforço de reconhecimento interno do indivíduo que sua grande semelhança com o Outro está na condição de escolha que cada um *em si* faz a cada momento na sua vida diante dos mais diversos problemas, cuja solução, ao passar pela escolha/ opção, eleva o homem de um Ser-em-si para um Ser-para-si; só mesmo *a ele*, o homem, pode dar satisfação plena sem escusa ou contornos outros de suas decisões em prol de determinadas soluções, e não de outras, ou seja, que a cada escolha o homem que escolhe com liberdade *deixa de escolher* alguma outra possibilidade.

## 5.6. A ÉTICA NA FENOMENOLOGIA DE HUSSERL

A *Fenomenologia* de Edmund Husserl (1859-1938) pretende desvendar a essência da realidade, uma ciência eidética. Contudo, a apreensão que o ser faz desta essência precisa se prender necessariamente à práxis, recusar o idealismo passivo do Ser que só apreende, e afirmar o Ser ativo que produz, constrói, produz-se e constrói-se. Não a imanência das coisas, mas a vida social concreta materialmente produzida, as coisas produzidas. Não são as coisas que se oferecem ao Ser, mas o Ser que se oferece à vida! – ainda que para os homens sua consciência pareça ser imanente dos objetos que produz, na verdade ela – essa consciência – é, ao mesmo tempo, a forma como produz.

Para Husserl, as coisas e os objetos, materiais, sociais, psicológicos etc., possuem uma estrutura que pode e deve ser compreendido primeiro em sua essência, desvendando a experiência mais aparente; para tal, parte-se de algo universal, uma estrutura ontológica do mundo, e pela razão intuitiva o Ser dedutivamente chega a essa essência.

A fenomenologia é, portanto, uma "redução" intuitiva do real, como forma de conhecê-lo *a priori*. Nas palavras de Sartre,

> (...) Mas é certo que o fenomenólogo, feita a redução, tem meios de pesquisas que poderão servir ao psicólogo: a fenomenologia é uma descrição das estruturas da consciência transcendental fundada sobre a intuição das essências dessas estruturas. Naturalmente, essa descrição se opera no plano da reflexão. Não se deve confundir, porém, reflexão com introspecção. A introspecção é um modo especial de reflexão que procura apreender e fixar os fatos empíricos. Para converter seus resultados em leis científicas é preciso, em seguida, uma passagem indutiva para o geral. Ora, há um outro tipo de reflexão, a que é utilizada pelo fenomenólogo: esta procura apreender as essências. Isto é, ela começa por se colocar, logo de início, no terreno do universal (...) (*A Imaginação*, 1980: 105).

Em termos filosóficos, a fenomenologia poderia ser concebida como um idealismo de raízes platônicas, mais do que kantiano: uma consciência intuitiva no lugar de uma "intuição intelectual", na medida em que a prospecção dessas leis da essência, dessa estrutura universal, pode ser concebida pela reflexão puramente intuitiva, apesar e além da experiência sensível captada pelo esforço racional do conhecimento.

É importante na fenomenologia essa necessidade de captar a "essência" das coisas e dos objetos que estão dados de forma superficial, mas operando essa "redução" à essência e ao essencial não como pura intuição reflexiva – ainda que a intuição possa ser importante como um momento do processo de conhecimento –, mas como descortinar da experiência sensível da existência social do Ser, descobrindo que estruturas são essas e que funções historicamente determinadas exercem. Não é uma fenomenologia da essência, mas uma fenomenologia da existência; uma fenomenologia da práxis é uma dedução-indução, dialética, do "pseudoconcreto" ao "concreto", é uma redução do fenômeno social e da vida prática dos homens que vai desvelando sua ideologia e seus mecanismos de reprodução do poder por trás da desigualdade, da dominação, da vigilância, do controle etc.

Por outro lado, a "redução" pretendida é sempre dedutiva, uma vez que estamos partindo de algo geral para chegar à essência de um todo constituído de particulares e contradições que impelem o cientista a descobrir essas conexões estruturais em relações psíquicas, sociais e políticas mais amplas e profundas; as funções observadas são os estereótipos disso. Não deixa de ser um processo fenomenológico e quem assim o procede não deixa de ser um fenomenólogo, mas um fenomenólogo existencial, unindo fenomenologia com práxis. Enquanto na fenomenologia husserliana a essência precede a existência, na *Fenomenologia Existencial*, a existência se confunde com a essência; tais abordagens importam acima de tudo a desmistificação do concreto e a essência da vida – seres humanos, comportamentos, instituições, coisas, objetos.

É importante clarear-se o uso do termo "redução". Se se pretende entender agora o caráter que transforma a essência em aparência, precisamos começar pela mediação que os objetos da vida executam sobre o espírito e consciência humanas: as mercadorias são esses objetos especiais que realizam de forma mediata e imediata esse existir material e espiritual. Em certo sentido, a mercadoria é a síntese da experiência humana historicamente determinada, portanto, uma totalidade que encerra em si, em cada momento histórico do devir humano na terra, todas as formas de reprodução da existência dos homens, todas as contradições e soluções encontradas e superadas na incessante luta pela sobrevivência material e as formas e meios de produzir, todas as relações sociais de produção e gerais, todas as formas de poder, dominação, espoliação etc., que são espiritualmente "evanescentes" dessa totalidade.

Uma sociedade verdadeiramente livre precisaria resgatar a condição voluntária da existência humana, separando-se do "fetichismo" dos objetos e coisas e extinguindo a distinção que começa com a divisão do trabalho social. Por isso, a única possibilidade efetiva do Ser ser livre é separar-se radicalmente dos objetos que lhe "reificaram" a existência e provocar a cisão de sua subordinação às necessárias relações de produção que pela divisão do trabalho social já carregam em si todo o peso dessa subordinação. Pode-se dizer, então, que o existencialismo é humanismo só e enquanto advoga libertar o homem da necessidade econômica de sobrevivência e conseguir transformar a existência compelida em existência voluntária, esta, claro, só passível de ser alcançada plenamente ao término da escravidão do trabalho e das relações sociais que daí deriva.

A *Fenomenologia Existencial* se aproxima da sociedade comunitária marxista, não como retrocesso a uma convivência absolutamente idílica com a natureza, jamais existente, mas como desenvolvimento maximizado de todas as potencialidades produtivas humanas, sem descurar, obviamente, dentro de condições derivadas do próprio desenvolvimento tecnocientífico, das premissas ecológicas hoje cruciais à própria sobrevivência humana:

> (...) Este comunismo é como naturalismo acabado = humanismo, como humanismo acabado = naturalismo, é a verdadeira resolução (dissolução) do antagonismo do homem com a natureza e com o homem, a resolução verdadeira da luta entre existência e essência, entre objetivação e autoafirmação, entre liberdade e necessidade (ontológica), entre indivíduo e gênero. Ele é o enigma da história resolvido e se sabe como esta solução (Karl Marx, *Manuscritos Econômico-filosóficos [1844]*, Ibidem 1983: 169).

No entanto, ainda outras etapas de aprofundamento da aparência precisam ser compreendidas. No seio da divisão do trabalho social já está a origem da desigualdade entre os homens: mais uma vez, de forma natural no sentido acima exposto, esta especialização produtiva tão necessária ao gênero humano, acaba cindindo atividades e lhes dando importância diferenciada, que logo se transforma em preponderância de um sobre o outro, de alguém sobre os outros, de um grupo sobre o outro etc. Por exemplo, a força física pode ter sido um marco na submissão da mulher ao homem quando da divisão das atividades familiares, assim como o velho passa a ser um decréscimo produtivo e como tal, descartável, e o jovem como uma potencialidade produtiva e como tal passível de um esforço adicional visando sua produtividade futura. Mais do que uma relação econômica, no entanto, ainda que também a seja, estes "sentimentos" – de descartável, de potencialidade – já são, aos olhos do Ser, uma determinada visão do mundo e de si mesmo em sua condição humana, e nada têm a ver, evidentemente, com as puras volições maléficas do espírito: é o processo histórico diante da condição humana! Mas, ainda aqui, mesmo diante destas diferenciações, desta desigualdade e limitação, ainda aqui o antagonismo entre o individual e o coletivo, entre o privado e o público, pode ser "driblado" na medida em que a troca e o consumo são coletivizados.

Em um momento determinado desse processo histórico, uma nova e mais incisiva divisão do trabalho social se apresenta aos homens como diferenciação importante: na verdade, a separação entre trabalho manual e intelectual é tão natural como as demais diferenciações, existindo desde sempre, e é ao mesmo tempo exemplo sumário da "capacidade" do gênero em idolatrar a aparência, porquanto no Ser todo o processo de trabalho é dialeticamente pensar, criar, fazer, repensar, recriar e fazer novamente, vale dizer, toda a produção da vida é para o homem reprodução material e espiritual. Agora, no reino da divisão social do trabalho, o que aparece aos homens pela superficialidade do fenômeno é que quem pensa não faz e quem faz não pensa – como se o pensar não fosse atividade mesma e que a atividade mesma não possibilita o pensar e criar.

*Contudo, raros são os momentos no processo de desenvolvimento humano em que, apesar de na essência trabalho manual e intelectual serem apenas isso, trabalho, e apesar de em ambos os casos pensar, criar e fazer, ser um único processo, são raros os momentos em que o valor do trabalho manual tenha sido maior do que o trabalho dito intelectual.* Por quê? Exatamente porque o trabalho não é para o gênero humano voluntário; ontem como hoje e provavelmente por muitas gerações ainda, o caráter natural do trabalho não redime a condição primordial de ter que trabalhar para sobreviver, uma sobrevivência econômica que é ao mesmo tempo a maldição e a benção da humanização. Mas logo que o homem põe em juízo sua condição como ser autopensante e consciente, como um animal que aspira à liberdade e individualidade para se autoafirmar como Ser, logo o trabalho lhe aparece como necessário, mas não como condição última do devir. E por isso mesmo, reafirma-se a absoluta necessidade de emancipação do jugo das condições econômicas de existência para o Ser ser ele mesmo em sua plenitude humana! Isto, obviamente, reafirma aquele "salto" da reflexão para além da realidade existencial imediata, ainda que não desvinculado dela.

Ora, a forma como o trabalho intelectual se exerce, as condições físicas e a preponderância sobre o trabalho manual distinguem imediatamente a supremacia do pensar, criar; portanto, organizar, distribuir e controlar as atividades sociais, assim como ordenar, vigiar e punir são alicerces de uma valoração maior e de um poder que submete naturalmente a atividade manual, pelo menos assim sentida por uns e por outros, independente da importância – de todas as atividades e todos os indivíduos – para a sobrevivência do gênero e mesmo para o alcance dos objetivos individuais. Um paradoxo, uma prova irrefutável de como a relação com as coisas e os objetos, de forma essencialmente social, inverte o concreto pela aparência de forma socialmente aceitável. Prova disto é a importância que em todas as eras alguém tenha produzido em cada sociedade uma linhagem de "xamãs", de feiticeiros, de magos e oráculos, de religiosos, enfim, uma diferenciação especialíssima a partir da capacidade pressuposta de se entender e interpretar misticamente a natureza e essa inserção do humano na natureza e na transcendência advinda do inexplicável, do incognoscível.

Modernamente, porém, o processo de desenvolvimento histórico, a práxis, leva o homem a uma condição diferenciada de troca e consumo: a propriedade privada retira finalmente toda e qualquer possibilidade de coletivismo e potencializa essa divisão entre trabalho intelectual e manual. De tal forma, a superação desta visão que privilegia o pensar sobre o fazer só poderá acontecer em uma sociedade onde o trabalho humano não seja instrumento de acumulação privada de riqueza e onde, evidentemente, os níveis de consciência sejam produto da libertação da escravidão do trabalho, como forma de uma nova consciência do Ser sobre si mesmo e sobre o outro e sua relação com o universo, uma democracia social plena e universal. Por isso, esta utopia só poderia ser enquanto realização universal do do homem, em condições últimas de tecnologia produtiva e de intercâmbio, consumo ecológico, educação e formas de linguagem "desalienadas".

Por outro lado, é evidente que uma sociedade comunitária, onde a propriedade privada tenha sido abolida, não elimina esta desigualdade entre trabalho intelectual e manual e a supremacia daquele sobre este; este tipo de divisão de trabalho e a relação de importância que se dá a um e a outro advém, primordialmente, como vimos, à não voluntariedade do trabalho humano, por conseguinte, só mesmo quando esta obrigatoriedade de labor pela sobrevivência econômica puder ser extinta se poderá almejar a consciências individuais que não venham a destingir de forma valorativa este tipo de especificação, até porque nesse momento as condições de produção devem estar desenvolvidas a tal ponto em que o trabalho natural como um todo se reduzirá a ínfimas situações, mais ainda o trabalho dito manual. Conclusão: sem desenvolvimento tecnológico e científico disposto para o bem coletivo e sob o comando efetivo das massas qualquer democracia comunitária é uma utopia irrealizável[24]. Esta é a ambição científica

24. Sobre este assunto discorremos amiúde em *Sociologia Jurídica:* Fundamentos e Fronteiras, 2009, capítulos 9 e 10.

da *Fenomenologia Existencial*, como práxis última da condição "eudemónica" do Ser, perseguida pelos homens reais e a ser perseguida pela sua filosofia em todos os tempos e eras! Por que esta ambição? "(...) Todo o eudemonismo não é mais do que o reflexo psíquico da Moral (...)". (Dilthey, *Sistema de ética*, 994: 55).

Pode parecer estranho falar de uma ética no âmbito da *Fenomenologia Existencial*, na práxis reveladora da essência, contudo, existe uma condição – não só do ponto de vista da Filosofia, como da própria prática que constitui o Ser – para que o homem escravize *ad eternum* o seu semelhante: precisamente o jugo do trabalho alienado e da "reificação" das mercadorias.

No universo da sociedade industrial fetichizada, notadamente no modo capitalista de produção, na medida em que os objetos do trabalho humano aparecem ao homem como a sua mediação mais concreta com a existência, são esses produtos do trabalho humano que adquirem predominância nos níveis de consciência e nas possibilidades de fabricar a individualidade do Ser. Neste "pormenor", nem o capitalismo de Estado pôde até hoje efetivamente superar tal condição. Os produtos da produção humana são, enquanto meramente produtos, trabalho concreto. No início a produção de bens indispensáveis à sobrevivência não ultrapassa os limites do necessário para satisfação dessas necessidades, vale dizer, enquanto a produção se dá nos limites das necessidades de uso do indivíduo e da reprodução de sua família, no máximo para troca imediata por outros bens que suprem necessidades imediatas da reprodução da vida material, estamos no âmbito da reprodução simples de "valores de uso" ou produtos mesmo.

Nestas condições, o conhecimento e os meios de produção de cada produtor são de sua propriedade, individual e, desta forma, o seu trabalho é trabalho concreto, tanto do ponto de vista desse conhecimento como da utilidade imediata. Pois bem, o que acontece quando a produção se generaliza e passa a ser dirigida a um "público", a um mercado de massa, é que essa relação mediata do produtor com o produto se extingue, e em condições próprias desse estágio de modo produtivo o conhecimento e a propriedade individual dos meios de trabalho se especializam e fragmentam a uma latitude que já não identifica o homem com o produto de sua criação, até porque nestas condições a propriedade dos "valores de troca", as mercadorias agora pertencem não a quem as fez, mas a quem "financiou" esse conhecimento e esses meios de produção, ao proprietário que é um "não produtor", privado ou público. Quando produtos se transformam em mercadorias, o trabalho concreto se transforma em trabalho abstrato, e como tal, a relação de propriedade e de sobrevivência se degenera a patamares tão fluídos, distantes e incompletos que a consciência já sequer se realiza em bases concretas de trabalho.

Esta transvaloração de trabalho concreto em trabalho abstrato, de produtos em mercadorias é a gênese, a um tempo, da alienação e da supremacia da aparência a ser revelado pela *Fenomenologia Existencial*. O fato essencial a ser apreendido é que agora a relação do homem não é com a sua produção, mas tão-somente com mercadorias, produtos acabados disponibilizados em massa para um consumo indefinido, abstrato e padronizado. Então, quando um indivíduo se dirige ao mercado para adquirir os bens e serviços necessários à reprodução de sua existência e de seus familiares, ele não se vê mais no produto de seu trabalho, e ainda que tenha ocasionalmente participado da fabricação desse bem, como o fez de forma fragmentada e não identificada, não se reconhece nele.

Assim, as condições concretas em que as mercadorias foram confeccionadas lhe são absolutamente desconhecidas e alheias: se em condições de escravidão ou se com regulamentação "justa" entre capital e trabalho, isso pouco interessa ao homem, isso nada lhe suscita no espírito, isso nada interfere em seus níveis de consciência, isso é inócuo para sua opção volitiva ética! É desta forma, mais uma vez natural e não voluntária, não intencional, não opcional, que as mercadorias nos estágios mais avançados das sociedades industriais adquirem uma aparência de entidades autônomas e autossuficientes, entidades com vida própria, e se "reificam" sobre as consciências humanas embotando a racionalidade quase linearmente – a "unidimensionalidade" de Herbert Marcuse (1898-1979) (*A Ideologia da Sociedade Industrial*) – na construção ética do Ser. O que não está mais perceptível é que estes objetos do desejo, mais do que de sobrevivência, são, apesar de tudo, produto de trabalho humano invertido sobre determinados materiais, inclusive os naturais, e em determinado momento do processo histórico de seu devir, quer dizer, sob determinadas condições e relações sociais específicas de seu modo produtivo, e que nestas relações podem estar toda a dimensão alienante. Esta alienação 'unifica' o pensar, unidimensionaliza o 'sentir', embota o 'criar'.

Quando se coloca a história dos homens como processo efetivo e concreto na dimensão concreta de sua luta pela existência material e na sua formação espiritual concomitante, percebemos como a essência da relação com as coisas, objetos e os outros homens se revestem de caráter irrefutável no que tange aos conceitos de alienação e aparência do mundo sensível e valorativo. Só quando forçamos nossa consciência para além da superficialidade e imediatismo do consumo de mercadorias assim produzidas, vemos que, só na relação com os produtos de seu trabalho pode o homem formar seus níveis determinados de consciência e volição ética; consequentemente, se lhe tiramos esta relação ontológica de seu ser, vale dizer, o subtraímos em uma "machadada só", do conhecimento e dos meios de produção e, consequentemente, do produto desse labor, o que lhe resta para construir-se a si mesmo? Não é apenas a degradação material da existência humana pela apropriação privada ou estatal do conhecimento, dos meios e dos produtos desse trabalho; mas, essencialmente no plano da Filosofia, a castração de poder vir a ser um Ser, enquanto pelo menos entendermos o gênero humano como tal a partir da sua individualidade, a possibilidade de autonomamente construir sua dignidade humana com liberdade.

Eis, em princípio, a problemática que uma Filosofia da práxis coloca para a ciência e para o pensamento humano. Naturalmente, a descida a essa essência, ou a subida por esse emaranhado de condicionantes a alienar o Ser, essa "abertura", essa procura pela essência, não como o espírito concebe o mundo e a si mesmo, mas a partir das condições da práxis, esse "debulhar" precisa, de qualquer maneira, ser efetuado, e, que pese os custos e senões da incompreensão de muitos e da oposição ideológica do poder, há que ser efetuado. É preciso ter coragem para expor o esvaziamento que o Ser se condicionou no devir aparente dos objetos de seu prazer em detrimento de seu Ser, uma verdade que, evidentemente, interessa a muitos poucos; não é do interesse daqueles que com a hegemonia de seu poder se estendem como nuvens negras sobre a liberdade de escolha de o verdadeiro Ser.

No âmbito do Direito, isto implica em relutar em aceitar o dogmatismo normativista, e construir um jurídico zetético cujo sentido de justiça vá muito além de uma ética de bases legalistas e de uma ética regulamentada, mas que seja ética de intencionalidade como opção do espírito humano reconhecendo-se em meio ao desvendamento do real concretamente construído. Esta relação assim desmistificada pela práxis, pela dialética da vida, pelo impulso fenomenológico existencial, cria uma totalidade onde homem e natureza de um lado, homem e sociedade de outro, se constituem como um único e indivisível ser, tanto do ponto de vista material como espiritual.

> (...) A compreensão das coisas e do seu ser, do mundo nos fenômenos particulares e na totalidade, é possível para o homem na base da abertura que eclode na práxis. Na práxis e baseado na práxis, o homem ultrapassa a clausura da animalidade e da natureza inorgânica e estabelece a sua relação com o mundo como totalidade. Na abertura o homem – como ser supremo – ultrapassa a sua própria finitude e se põe em contato com a totalidade do mundo. O homem não é apenas uma parte da totalidade do mundo: sem o homem como parte da realidade e sem o seu conhecimento como parte da realidade, a realidade e o seu conhecimento não passam de mero fragmento. (...) À totalidade do mundo pertence também o homem com a sua relação de ser finito com o infinito e com a sua abertura diante do ser, sobre as quais se baseia a possibilidade da linguagem e da poesia, da pesquisa e do saber (Kosik, *Dialética do Concreto*, 1976: 207).

Portanto, se as mercadorias são isso, se são também o suprassumo da existência dos homens, são igualmente indecifráveis e desconhecidas em sua ontologia propedêutica, vale dizer, escondem seus fundamentos da consciência do Ser e se apresentam como simples objetos de uso e desejos sem qualquer referência a essas relações do desenvolvimento social e político. Logicamente, há necessariamente que se efetuar um esforço para que, por detrás do fenômeno mercadoria se desvele o essencial e a concretude real da existência humana, seu devir anterior e posterior: a este esforço nosso método, o da "*Desobediência da Personalidade Ética*", a *Fenomenologia Existencial Dialética*, praxiana, concebe como "redução". As mercadorias são totalidades, mas é o fenômeno que se presta à melhor "redução" para se chegar à essência por trás do que não é concreto, exatamente porque são as sínteses dessa práxis. Karel Kosik, um dos mais importantes neomarxistas a encarar com seriedade esta questão do desvendamento do real, afirma que:

> O *Capital* do Marx começa – esta realidade hoje se transformou em lugar-comum – com a análise da mercadoria. Mas como a mercadoria é uma célula da sociedade capitalista, como é o início abstrato, cujo desenvolvimento reproduz a estrutura interna da sociedade capitalista, tal início da interpretação é o resultado de uma investigação, o resultado da apropriação científica da matéria. Para a sociedade capitalista a mercadoria é a realidade absoluta visto que ela é a unidade de todas as determinações, o embrião de todas as contradições; neste sentido, em termos hegelianos, ela pode ser caracterizada como unidade de ser e não-ser, de distinção e indistinção, de identidade e não-identidade. Todas as determinações ulteriores constituem mais ricas definições ou concretizações deste absoluto da sociedade capitalista (...) (Ibidem, 1976: 31-2).[25]

Em uma perspectiva da práxis, três são os momentos de "reificação" da aparência como essência mediada pelas mercadorias: a divisão do trabalho geral, a especialização entre trabalho manual e intelectual e o caráter mercantil que transforma trabalho humano concreto em trabalho humano abstrato. Em sua relação natural com a natureza, os homens estão sujeitados a uma divisão do trabalho não voluntário; aqui o natural é antítese da vontade. Na produção de sua existência, os homens veem-se obrigados a certa especialização das tarefas que reproduzem sua sobrevivência material, e o fazem por necessidade enquanto uma relação natural com o meio circundante, mas não o podem efetuar da forma como lhes apraz, e sim determinada pelas condições desse mesmo meio. Portanto, esta divisão do trabalho produtivo não é voluntária e nem produto de sua vontade específica, mas específica das condições naturais em que o homem se encontra inserido.

Como a produção de sua consciência resulta dessa "simbiose" com a natureza, uma vez que o domínio dessa natureza como forma

25. É verdade que Kosik afirma a dialética como não redução, mas se refere especificamente à "redução ao purismo espiritual", como em Spinoza e Feuerbach, ou à redução da cultura aos fenômenos econômicos, como em Plekanov, aliás, redução esta muito comum nos desentendidos da dialética da práxis: "*A dialética não é o método da redução: é o método da reprodução espiritual e intelectual da realidade, é o método do desenvolvimento e da explicitação dos fenômenos culturais partindo da atividade prática objetiva do homem histórico*" (*ibidem*, 1976: 32). Portanto, em nada está a desabonar a procura da essência desses fenômenos, ou desta redução fenomenológica desde que existencial – não puramente husserliana; a "redução" que aqui propomos é a decomposição do objeto de estudo que na superficialidade não se dá a conhecer como ele, e para o que ele, realmente é e serve.

de sobrevivência não se dá por uma ação autônoma de vontade, sua consciência deriva agora diretamente da mediação concreta com os meios e formas de reprodução de sua existência, o que filosoficamente já impede a possibilidade de um idealismo ontológico puro, pois agora as formas de vida são as formas possíveis e os níveis de consciência são os que naturalmente daí decorre sem que, contudo, "deixem" de ter consciência de sua própria vontade na construção de seu Ser, pelo menos de uma "certa vontade" como ser reflexivo.

É desta perspectiva que concretamente o Ser cria sua consciência: como ser social em relação às necessidades históricas determinadas de existência, ditada naturalmente pelo meio circundante. Por isso, toda a opção existencial não pode ser alijada desta relação e dela deverá alimentar-se. Por outro lado, é exatamente este poder de "ir além" da relação determinista de sua sobrevivência material inserida nas condições concretas de seu ambiente, que, infelizmente, cria as condições para as possibilidades mais perversas do domínio dos homens, da tecnologia atual e do poder do Estado totalitário, como bem percebeu a Escola de Frankfurt (Horckeimer, Adorno, Marcuse, Benjamin) em sua Teoria Crítica do Conhecimento. Igualmente o homem deve ser capaz de reverter essas mesmas condições de existência.

O homem tem uma relação especial com os objetos e com a forma como entra em contato com eles. A relação com as coisas da natureza é uma relação imediata de trabalho; mesmo na condição menos complexa do nomadismo e da coleta, esta relação com as coisas da natureza já pressupõe a mediação do trabalho, de esforço humano material e intelectual. Este trabalho produz os objetos de trabalho mesmo e os objetos de consumo produtos deste trabalho. Por outro lado, este trabalho adquire uma forma especial de relacionamento que já não é a simples relação com a natureza, e sim uma relação com os outros homens, uma relação social.

**PARADIGMA 14:** À medida que o século XX avançou foi ficando mais óbvio que a ética não é outra coisa senão uma opção. Certamente o colapso da ética está ligado ao medo na Modernidade. Somos pessoas com medo de escolher – ansiamos que nos comandem. A escolha de algo é sempre a perda de algo, e como não existe forma de saber antecipadamente qual a escolha certa, sofremos de ansiedade e medo. A falta de ética está ligada ao problema existencial de escolha e perda. Em um mundo onde o sucesso material é estratégia de sobrevivência, não queremos perder – amaldiçoamos a liberdade de escolher e abraçamos inconteste o comportamento incorreto. E daí?, quem nos repreenderá se obtemos sucesso?

**PROBLEMA:** Diante da fragilidade e cooptação, o homem moderno procurou além de si o que seria a conduta desejável. Os grandes sistemas de ética do século XX saíram de concepções megalomaníacas, ultranacionalistas e beligerantes. Tivemos exemplos esporádicos de resistência a este tipo de fuga – Mahatma Ghandi (1869-1948); Nelson Mandela (1918-2013). Por trás do engodo das narrativas ideológicas, o escape para as massas indolentes do peso da liberdade – a não escolha converte porque oferece a felicidade existencial. Então não precisamos dialogar conosco, só com as coisas. E sendo uma delas, tanto melhor.

**EXERCÍCIO:** "Fenomenologia pode aprofundar as causas e trabalhar o Ser por dentro dele mesmo, com suas experiências traumáticas – boas e ruins". Explique isto e relacione com a conduta ética a partir do conto e do filme indicados abaixo. Seu trabalho precisa ser lido e comentado por um amigo.

**LER:** O conto "Coisas" de José Saramago no livro "Objecto Quase".

**VER:** Filme "O Enigma de Kasper Hauser" (1974) do diretor Werner Herzog.

O *Marxismo* é o caso em que a questão moral se encontra relativamente resolvida. Submetendo os níveis de consciência dos homens sempre às condições socioeconômicas históricas de sua sobrevivência, a moral e a ética do comportamento sempre estão condicionadas pelas relações concretas de produção e reprodução da vida. Em famosa carta enviada a Schweitzer, onde Marx critica a obra de Proudhon (1809-1865), "Que é Propriedade?", fica clara a posição materialista histórica sobre conceitos morais e a distinção entre a concepção idealista e o marxismo:

> As relações de propriedade da Antiguidade foram destruídas pelas feudais e estas pelas burguesas. Dessa maneira, a própria história exerceu sua crítica sobre as relações de propriedade do passado. Para Proudhon, o centro da questão era realmente a moderna propriedade burguesa em sua forma atual. À pergunta sobre o que é esta propriedade, só se podia responder por uma análise crítica da economia política, abarcando essas relações de propriedade como

> um todo, não em sua expressão legal, como relações de volição, mas em sua forma real, isto é, como relações de produção (*Sobre Proudhon*: Carta a J. B. Schweitzer, *In* Marx e Engels, *Obras Escolhidas*, s/d: 327).

Obviamente que se a Moral for uma "concepção", um desenvolvimento do espírito universal, o que é ético ou antiético não pode mudar substancialmente, mesmo quando apareça para os homens derivada de instituições sociais como a igreja ou o Estado. Estas instituições já são, na concepção marxista, consequência das relações sociais de produção e das condições técnicas que lhe são subjacentes. Assim, a definição de "furto" deveria ser a mesma em todas as épocas e sociedades, mesmo em condições econômicas e tecnológicas diferentes, bastando para isso que se possa aceitar a existência mínima de civilização. Então, diz Marx: "O máximo que se pode tirar daí, porém, é que os conceitos jurídicos burgueses com relação ao "furto" se aplicam com idêntica propriedade aos ganhos "honestos" do próprio burguês" (Ibidem, [s.d]: 327).

Esta colocação de Marx é magnífica: ele está na verdade dizendo duas coisas ao mesmo tempo, que os ganhos burgueses são um furto, na medida da exploração do trabalho humano, única propriedade do trabalhador, sob o olhar legal do ordenamento jurídico burguês, mas, também, está a dizer que essa juridicidade é histórica e que a tolerância dessa exploração como não sendo antiética não pode ser explicada pelo desenvolvimento da consciência e do espírito humano de forma isolada, mas que a Moral e a ética são determinadas historicamente pela conveniência e conjugação da Filosofia e da Moral ao *modus vivendis* do sistema capitalista de produção.

Ainda assim, o marxismo pode explicar a origem da Moral, da sua relação com as condições reais de produção e suas relações sociais, mas dificilmente pode afirmar seus desdobramentos futuros, por exemplo, o que seria "roubo" em uma sociedade comunista? Por excesso de processo histórico na Filosofia, as alternativas do Ser acabam muitas vezes por se submeterem unicamente a fatores econômicos, à produção, e, como consequência, as possibilidades de atingir a essência diante da relação de aparência do homem com os objetos que produz, remete necessariamente a uma consciência de classe, agente do processo histórico que em determinada situação de dominação e exploração transvalora coletivamente a sociedade capitalista. No fundo, o Ser enquanto uma individualidade está quase que abolido desta visão materialista da história, sua volição não existe *per si*, e as consequências disso foram os socialismos reais que não só não conseguiram desenvolver as condições de sobrevivência dignas para cada cidadão, como ainda reduziram indubitavelmente os homens a seres escravizados pela ideologia do partido único e de líderes com mais ânsia de poder, do que seguir Marx, sem jamais lhes terem resgatado a liberdade e a individualidade.

Por outro lado, o *Existencialismo*, por "inventar" a relação do Ser com o processo histórico, mesmo não o negando, constrói a centralidade da consciência a partir de atos de vontade voluntários, uma consciência subjetiva e não coletiva. Mas de igual forma, fica difícil imaginar como determinadas consciências se libertariam da "pseudoconcreticidade" da existência real, destarte este mesmo real, permeado em absoluto pelo fetiche das mercadorias. *A priori*, tais decisões não podem se limitar apenas a reagir a esse real de aparências "mercantilizado". De onde sai a necessidade do Ser, principalmente este homem contemporâneo, em se aprofundar, abrir seu espírito e reduzir a vida à sua essência desmistificadora?

A questão fundamental é: estas relações com os objetos e com os outros homens, estas relações que são sempre sociais, que são revestidas de um caráter natural e não voluntário, submete as consciências e os espíritos do Ser aos próprios objetos que cria, submissão natural, não voluntária, mas que tem o poder de tornar a criatura escrava de sua própria criação. Para o Ser, nestas circunstâncias ontológicas, a formação de sua própria consciência, quer dizer, sobre si mesmo, já aparece 'dialetizada' nessa relação com as coisas e com os outros seres humanos, evidentemente com a natureza em estado bruto também, mas fundamentalmente com a consciência que tem desses objetos e dessas relações sociais para produzi-los.

Esta consciência de si mesmo, portanto, também natural, assim como deveras a consciência sobre tudo e todos, igualmente natural, natural continua lhe parecendo mesmo quando os produtos de seu labor, que eram apenas uma relação natural de sobrevivência, adquirem uma dimensão de "fetiche" a subordinar sua vontade e liberdade, relação sentida como natural a obscurecer a voluntariedade como paradigma de sua autonomia, de sua vontade e liberdade.

> Oprimem-lhe, a um tempo, as coisas, os objetos e os homens: é que sua própria formação, toda a sua introspecção indutiva e reflexão dedutiva conforme Merleau-Ponty (1908-1961) em *Fenomenologia da Percepção*, a constituição de seu Ser e a consciência de si e do mundo são traçadas, delineadas e concretizadas, pela mediação natural com esses objetos e com essas relações sociais de sua produção. A apreensão do real se dá pela percepção, mas esta percepção, que primeiro exige a compreensão do 'corpo' no espaço vivido, pois é por ele que percebemos - "os olhos são as janelas da alma e o espelho do mundo" -, se dedica a não mais separar ideia e fato, sujeito e objeto, espírito e corpo, olho e intelecto e, por fim, ciência e filosofia. Negando essas oposições Merleau-Ponty fundiu na percepção consciência e matéria, de forma que nem sempre será possível definir em que medida o real é produto da consciência, da atividade reflexiva humana, ou até que ponto existe separado do ser que o pensa. A fenomenlogia deste autor considera as coisas existentes, mas não pode determinar até que ponto elas o são, que características, elementos e propriedades são propriamente dessas coisas ou da mente perceptiva que os pensa conscientemente.

A *Fenomenologia Existencial*, enquanto práxis do homem como agente social ativo, procura responder a tais questões. Ela vai à essência da vida mesma, não como ficção do imaginário humano em método dedutivo, mas em uma relação com as coisas e com os outros de forma a captar essa realidade na sua especificação alienante e pseudoconcreta, e a partir daí tomar a decisão de optar como ser autônomo, *nunca a priori*, mas que tenha algo de universal o bastante para decidir sobre comportamentos voltados para a liberdade e justiça: esse algo universal só pode ser a ética, um comportamento decente diante da realidade perversa e indigna que mais brutalmente se faz sentir sobre aqueles que menos condições têm de fazer frente às desventuras de poder e soberba dos homens. Neste contexto, a grande mudança precisa passar pelo ato voluntário a partir da realidade mesma, portanto, uma opção subjetiva pela decência e pela ética.

Entende-se práxis como a atividade histórico-determinada capaz de, dialeticamente, inventar teórica e concomitantemente as estratégias de sobrevivência material e espiritual do homem. Entende-se a práxis como forma eidética da construção do Ser em sua essencialíssima condição humana de autossuficiência, não natural, não divinizada, voluntária. Portanto, irrevogavelmente histórica, social, econômica, política; multideterminada, em um ciclo perpétuo onde o humano é agente, é ativo. As multideterminações que ensejam a opção do homem pela ética são coletivas, quer dizer, essa criação da vida espiritual, e material, só é possível em grupo. Conforme Antonio Gramsci (1891-1937):

> (...) Pela própria concepção do mundo, pertencemos sempre a um determinado grupo, precisamente o de todos os elementos sociais que partilham de um mesmo modo de pensar e agir. Somos conformistas de algum conformismo, somos sempre homens-massa ou homens-coletivos (*Concepção Dialética da História*, 1984: 12).

O conceito de práxis pode ser estudado, no mínimo, a partir de Aristóteles, quando este dizia que o hábito da ética não era imanente, nem como dom natural (*physei*), nem como dogma (*doxa*). A intenção de Aristóteles era defender que a ética, o comportamento socialmente desejável, é "vontade" de se dirigir ao bem e por ele se deixar dirigir; quer dizer, diferentemente de Sócrates, onde o mal e a injustiça são consequências da ignorância, aqui, é produto da não opção voluntária por valores morais. Assim, mesmo a mais refinada educação voltada para uma democracia social plena, não é suficiente para garantir a escolha da ética voltada ao bem-estar da coletividade. Então, no pensamento aristotélico se vê confirmada a tese da opção necessária do Ser pela ética e pela coletividade, e a realização permanente, na prática social de sobrevivência.

Esta opção, esta escolha existencial, quando efetuada a partir de um esforço pela essência, pela libertação dos fetiches das sociedades industriais modernas e de mercado, é um salto ético irreversível, pois, como é a escolha voluntária e desinteressada do Ser, o recuo seria a negação da escolha e, portanto, do próprio ser, o que para o indivíduo ético é a destruição de sua fruição.

Vistos desta forma, os preceitos marxistas da práxis (o Materialismo Histórico Dialético) e a desmitificação do fenômeno mercantil que transforma como coisa o Ser, a opção pela ética meio a um conjunto de noções primárias de convivência realizadas a partir das condições concretas de vida, constituem o fundamento de uma "Personalidade

Ética" afirmativa. Esta "afirmação", contudo, nos *termos* em que se dá a relação do Ser com o Mundo, *mais* do que nunca precisa ser do tipo "desobediente".

Capítulo

# 6

# ÉTICA E NORMA JURÍDICA

O homem contemporâneo perde-se cotidianamente entre a indolência e a desesperança. A Filosofia capta seu desespero existencial e o chama à responsabilidade da prática ética; reconhece a tirania psicoexistencial da sociedade e do Estado moderno e o massacre à personalidade do indivíduo.

É verossímil afirmar-se, como o faz Boaventura de Souza Santos, em sua obra *Crítica da Razão Indolente*, que:

> (...) a razão criticada é uma razão cuja indolência ocorre por duas vias aparentemente contraditórias: a razão inerme perante a necessidade que só ela pode imaginar como lhe sendo exterior; a razão displicente que não sente necessidade de se exercitar por se imaginar incondicionalmente livre e, portanto, livre da necessidade de provar sua liberdade. Bloqueada pela impotência autoinfligida e pela displicência, a experiência da razão indolente é uma experiência limitada, tão limitada quanto a experiência do mundo que ela procura fundar. É por isso que a crítica da razão indolente é também uma denúncia do desperdício da experiência. Numa fase de transição paradigmática, os limites da experiência fundada na razão indolente são particularmente grandes, sendo correspondentemente maior o desperdício da experiência. É que a experiência limitada ao paradigma dominante não pode deixar de ser uma experiência limitada deste último. (2000: 42).

Existe, sem dúvida, um desperdício de potencialidade transformadora em nossos dias. Entre as razões apontadas estão a alienação, que o autor coloca como o não perceber da necessidade de ser engajado, e a supervalorização da liberdade, que o autor defende como a não necessidade mais de reafirmar a soberania individual dessa liberdade. Claro está que o indivíduo contemporâneo sofre tal paradoxo: a liberdade só experimenta sua razão de Ser se for vivida, mas hoje ela é fortemente abdicada.

O homem moderno criou mecanismos capazes de, a um tempo, conquistar a liberdade como reforço de sua individualidade e perdê-la quase de imediato escravizando sua personalidade. No entanto, este paradoxo existencial, e a consequente lacuna de questionamento paradigmático, é a imagem pura da "unidimensionalidade" do homem atual. Uma "unidimensionalidade" experimentada em uma nova lógica que procura a supremacia material sobre o espiritual e, concomitantemente, destroçar a ambos.

Diante das limitações atuais do paradigma sociocultural, econômico e político, deve-se negar essa indolência própria das sociedades de controle, negar a atrofia da individualidade e personalidade do homem. A alternativa é de dentro da indolência costurada na política e na ideologia liberal, arregimentar forças, que lhe são próprias, e potencializar de forma contundente mecanismos de resistência, em um primeiro momento, e de superação prático-filosófica como forma de resgatar aos homens sua humanidade, do ponto de vista das suas condições materiais e espirituais de existência. Por mais que se esforce em sua autonomia, a Filosofia, como de resto as demais ciências, só se reconhece como útil e verdadeira, e tão verdadeira quanto mais útil, quando se coloca na vanguarda deste resgate. Em um contexto de Pós-modernidade, onde impera a banalização do indivíduo, a ética como opção do Ser apresenta-se para a Filosofia como alternativa à indolência e ao desperdício da experiência humana.

Assim, diferentemente de Kant, que em seu idealismo colocava a ética como um "imperativo categórico", absoluto, superior e evanescente do espírito humano – seguindo a tradição da Filosofia clássica grega, no caso como uma potencialidade espiritual –, possivelmente a ética necessária hoje parte não da consciência que o espírito tem de si mesmo, mas do que ele observa na realidade sociopolítica à sua volta, a partir da qual se indigna e, então, assume sua responsabilidade espiritual, *em si*, individual e absoluta, e *para si*, de forma a realizar seu projeto de emancipação. Evidentemente que é esta indignação que cria alternativas, portanto, a ética do Ser se revolta porque possui uma noção psíquica, ainda que construída sócio-historicamente, do conteúdo desejável da conduta correta, que apesar de todas as mutações inexoráveis, reserva no Ser essa consciência de dignidade, fundamento de seu incômodo e estranhamento. Ela parte da base e volta à base, encara a existência como ela está, e recusa-se a aceitar o fim da história, e, por isso, como o "homem da caverna",[26] trás de volta a essa realidade empírica uma alternativa e uma releitura filosófica construída a partir de problemas reais.

A "Ética da Personalidade" enunciada pelo filósofo dinamarquês Sören Kierkegaard no século XIX – que nas palavras de Agnes Heller "*significa que a escolha existencial é uma escolha absoluta, que não está determinada*" (Heller, *Além da Justiça*, 2002: 42), onde "*Nos escolhemos por completo. Se você se escolhe uma pessoa decente, isso quer dizer que você é essa pessoa, junto com tudo que você é; você é uma pessoa decente e vai se tornar o que é*" (*idem, ibidem*, 2002: 42) –, precisa, a partir de sua práxis dialética, ser profícua. Diante dos mecanismos de perda da personalidade, e diante de interesses minoritários, logo ilegítimos,[27] essa opção profícua absoluta e consciente do espírito, é uma "*Desobediência da Personalidade Ética*".

Os autores do Iluminismo cobraram do aparelho de Estado e, por conseguinte, do Direito, a defesa e a criação de mecanismos políticos onde a ética e o bem-comum pudessem fazer o espírito humano triunfar. Eles já haviam percebido que a "razão pura", e o extremo

---

26. Alusão à possibilidade de sair da espiral autodestruidora do Ser e da humanidade, a crença na possibilidade de viver não pelas sombras (Mito da Caverna, de Platão) ou por uma vida pseudocibernética.

27. Esta afirmação tem sido mal compreendida: aqui se refere fundamentalmente à classe burguesa, e a qualquer classe que use do poder de Estado para garantir seus interesses oligárquicos. A filosofia política já consagrou a "verdadeira democracia" como aquela que deve respeitar a voz e os interesses das minorias (por exemplo, Aléxis de Tocqueville (1805-1859), *Democracia na América*, 1969). Os interesses de grupos minoritários só são ilegítimos quando usam de poder de Estado para dominar e explorar os demais grupos: no caso do Estado capitalista a classe burguesa sobre os trabalhadores, no caso do Capitalismo de Estado, a classe dirigente sobre os trabalhadores – sempre minorias sobre a maioria; assim como seria ilegítimo a mesma situação de dominação e exploração da maioria sobre as minorias. Por isso, a expressão "liberalismo inconcluso", pois a Revolução Francesa (1789) idealizava o fim dessa hegemonia de classe e o domínio popular dos aparelhos de Estado pelo povo; assim como na Comuna de Paris (1871), assim como na Revolução Russa de 1917.

empirismo levariam os homens a uma subserviência crônica ao poder do Estado e que, portanto, o projeto de Modernidade só era libertário e igualitário na aparência e no discurso. Infelizmente eles tinham razão e infelizmente os homens realizaram suas fatídicas previsões. Hoje, diante desta realidade desumanizante, só a opção do Ser pela liberdade e ética, podem instrumentar práticas socioeconômicas e políticas, de forma construtiva e qualitativamente revolucionária, no sentido de uma "continuidade" histórica mais solidária, ao mesmo tempo uma "ruptura".

Não existem utopias, nem boas nem más, nem factíveis nem fabulosas. Mas é possível compreender as lacunas e as maldições atuais da existência humana, e sua filosofia, ou a falta dela, na contemporaneidade pós-moderna. *Precisamos de indivíduos dispostos a ser e a trabalhar para que todos sejam. Em tese, pode-se assumir a responsabilidade de escolher sermos éticos e, a partir dessa escolha, desobedecer com altruísmo e personalidade, através de mecanismos próprios da Filosofia e do Direito à despersonalização e submissão dos tempos atuais.*

## 6.1. PARA UMA ESTÉTICA DO SER

Conhecemos a diferença entre a concepção de ética em Sócrates e Aristóteles: enquanto naquele o homem portaria em si, ainda que de forma inconsciente, de forma bruta, como potência, a noção de ética, neste outro pensador, a ética é produto do hábito aliado a uma necessária vontade de espírito em querer ser ético. Portanto, a posição de Aristóteles é a ênfase na "opção" ética. No pensamento socrático-platônico a ética está "incrustada" na alma, e por um ciclo virtuoso ascendente e infinito – a alma é pré-existente e subsistente ao corpo – ela vai aprimorando esses valores éticos. É por isso que Sócrates e Platão não têm dúvidas ao afirmar que a falta de ética é consequência apenas da ignorância, uma vez que pelo conhecimento, pela Filosofia o espírito encarnado pode reconhecer esta dimensão transcendental de aprimoramento, e quanto mais esse conhecimento se apodera do espírito mais sabedoria carrega e maior a possibilidade de se tornar virtuoso e ético. É uma questão de tempo e conhecimento para lapidar o espírito: o bem e o mal, o certo e errado já são ontologias do Ser e seu afloramento depende do aprimoramento de uma ética originária.

Em Platão, fundamentalmente, esse "despertar" ético se dá através de uma guerra travada entre a razão – parte logística da alma – e as paixões e os vícios – parte irascível e parte apetecível da alma. No pensamento platônico esse ciclo de encarnação e desencarnação, no meio do qual se dá o julgamento e a punição das almas, comporta em si a gênese, o embrião de uma justiça transcendental, divina, e, por isso mesmo, a noção de um bem e de uma ética que se aprimora enquanto origem espiritual do Ser, quer dizer, ela é aprimorada e não construída, ela existe como potência *a priori*. Logo, a ética não é exatamente uma opção dos homens, é desenvolvimento espiritual a partir de uma condição matricial, primária e primordial; semelhante a Kant, cujo "imperativo categórico" é sinônimo de ética como sendo a própria essência humana. A diferença está em que neste autor a tensão que dificulta a realização da ética espiritual vem exatamente das condições materiais de existência, o "imperativo hipotético", um tipo de "desconstrução" da ética originária. No pensamento socrático-platônico não podemos pensar em homens originariamente maus ou bons; o bem e o mal são dois lados de uma mesma totalidade, assim como a alma platônica é uma totalidade que se divide em três partes: razão, paixão e vício. O comportamento ético, assim posto, deriva logicamente do acesso ao conhecimento e ao pensamento racional-dedutivo, em suma, ao estudo da Filosofia; não é uma "opção" pela ética!

Daí a importância que Aristóteles colocava na função fundamental do Estado em educar seus cidadãos; derivação interessante: sem as mesmas condições de acesso à educação e à Filosofia os espíritos tendem a derivar para o mal, o que afirma a opção pelo filosofar. Para Aristóteles, no entanto, a Filosofia não conduz os homens necessariamente ao comportamento ético. É preciso criar o hábito da ética, e este hábito ainda que seja construído pela educação, deriva, em última análise, do querer, da vontade, da consciência. Aqui, a educação apenas pode mostrar os benefícios coletivos de um determinado comportamento, mas corresponde mais à "opção" do Ser esse querer dedicar-se ao bem coletivo. Sendo assim, o autoconhecimento espiritual precisa voltar à práxis para ser profícuo na construção da felicidade humana.

Em outras palavras: enquanto no pensamento platônico a experiência da reencarnação interessa ao espírito para se aprimorar e desenvolver a ética originária, no pensamento aristotélico, a experiência da existência humana plena serve para realizar coletivamente essa ética, construída a partir dessa práxis e voltada para essa práxis, ou seja, a partir da problemática existencial humana e voltada para as soluções possíveis dessa mesma problemática coletivamente tomada.

Por este prisma, o espírito tem uma missão que lhe extrapola e que vai além do autoconhecimento *per se:* a origem da ética está no processo histórico, construído, portanto, e o seu sentido está na felicidade e bem-estar, muito acima do indivíduo. Por isso mesmo, logicamente, a "opção" do indivíduo, a discussão do Ser com o coletivo e consigo mesmo, a problemática que encontra em construir-se no processo mesmo de sobrevivência material, acaba por resultar sempre no questionamento da validade de optar de forma altruística pelo todo. Como no pensamento aristotélico o autoconhecimento tem que se materializar em benefício do bem comum, a "opção" ética é fundante, porque não é uma opção do Eu sem consequências; ao contrário, a opção pela decência, pela justiça, pela igualdade e liberdade precisa obrigatoriamente sair de uma reflexão do espírito e realizar-se coletivamente. Não é a sabedoria pela sabedoria; é a realização dessa sabedoria em felicidade coletiva: parir do coletivo, passar pela opção ético-política, voltar ao coletivo.

Wilhelm Dilthey, dizia:

> Pisar terra firme no devir do desenvolvimento, alcançar um lugar definido em meio à variabilidade do ser vivo, na série ascendente desta, na qual tudo aparece como relativo e variável – com o fim de expressar algo de validade geral: essa é a missão da ética (...) (*Sistema de Ética*, 1994: 67).

À primeira vista, esta afirmação parece contraditória, pois como pode algo ser "variável" e ao mesmo tempo ter "validade geral"? Porém, sem cair no extremo Culturalismo, sem negar o processo histórico e, ao mesmo tempo, sem cair em um dogmatismo universalizante, a condição ética do Ser precisa encontrar sua localização histórica determinada e continuar a servir-lhe de parâmetro para o convívio social.

Não existe a mínima possibilidade de desvincular a ética do processo histórico e cultural inerente ao grupo. E, deste ponto de vista, é irrefutável que o "conteúdo" da ética é variável, relativo a fatores educacionais, experiências pessoais e preferências subjetivas de cada indivíduo. Por isto, não se deve estabelecer qualquer linearidade e dogmatismo universal para esses conteúdos, mesmo se restrito a um grupo. Porém, nesse mesmo grupo existe um conjunto de valores, exteriores ao indivíduo, que pressionam as consciências e vontades dos membros dessa coletividade. De uma coletividade para outra também, evidentemente, se verificam valores próprios. Porém, mais uma vez, estamos obrigados a reconhecer que existe, de forma geral, certa aceitação de que são detestáveis algumas condutas humanas, independente de características culturais particulares.

Mais do que isso, a civilização carrega em si uma tendência a universalmente repudiar certas práticas consideradas não éticas, que ferem a dignidade humana e que aparecem como retrocessos ao processo civilizatório, o que em última análise é uma forma de universalizar conceitos de 'certo' e 'errado', separar o 'bem' e o 'ma'l e conquistar a felicidade humana debaixo de princípios superiores do espírito humano. Exemplo disso é o repúdio generalizado ao tratamento desumano aos prisioneiros de guerra, práticas racistas e genocídios comuns em guerras tribais ou étnico-religiosas, a propriedade privada de patentes de remédios para tratamento de doenças endêmicas e contagiosas, o repúdio ao terrorismo, por seu caráter não seletivo e por vitimar pessoas indiscriminadamente, sentenças judiciais que parecem extremadas como a morte de mulher adúltera por lapidação ou mesmo a discriminação e o tráfico de mulheres, a escravidão, o mercantilismo do trabalho infantil e, mais recentemente, a condenação a ações que destruam a natureza por práticas predadoras.

Pode-se aqui mencionar todos os valores que se considera de forma geral como princípios indiscutíveis ao largo do relativismo subjetivo, cultural, étnico, religioso, econômico, político etc.; ter-se-ia que elaborar uma verdadeira enciclopédia ética. Então se está diante de um aparente paradoxo. Mas a aparência desta situação se esvai quando, mesmo dentro do processo histórico-cultural, se separa a variabilidade de conteúdos valorativos e a necessidade humana de conviver socialmente. Quando se fala em cultura sempre aparece aos humanos que ela é relativa – o que em si mesmo, logicamente, já é um aforismo universal –, e acaba passando despercebido que, exatamente como cultura ela determina os limites da convivência coletiva. Independentemente do esforço volitivo que o Ser possa fazer para tornar individual determinados valores, esta opção:

> (...) *é condicionada pela cultura circundante. Consequentemente, só a observação de toda a organização de um desenvolvimento histórico da vida ética*, ou seja, o ponto de vista histórico-social, pode solucionar realmente o problema da ética (Dilthey, *ibidem*, 1994: 28).

Ora, do ponto de vista da práxis, a luta dos homens contra a fome, a sede, contra as intempéries naturais, as doenças, a própria fisiologia e fragilidade do gênero, é a luta mesma para superar o "jogo dos instintos" e elevar, ainda que de forma não voluntária, natural, o animal primata à condição humana. Essa luta para emancipar-se da condição animal, puramente instintiva, só se realiza no convívio social e assim duplamente os homens se veem obrigados a construir princípios vitais, que, deveras a coerção sancionada e punitiva, ainda exige do indivíduo uma "consciência" desses valores morais, exige uma "postura vital" do Ser: a Moral os livra da animalidade e cria os paradigmas de convivência ética e sucesso social.

Em suma: o que é relativo, o que apresenta maior variabilidade são os conteúdos da ética, mas não os "princípios da ética", a Moral, em si mesma como imprescindível à construção do gênero humano. Depois, o processo histórico, a práxis, cria tanto a variabilidade dos conteúdos como impulsiona de forma algo universal o gênero a uma consciência aproximada de máximas morais, próprias desse processo civilizatório. Se assim não fosse, toda uma série de comportamentos hediondos não seriam combatidos hoje internacionalmente e nem poderia existir qualquer instituição de cooperação supraestatal, como declaração de direitos universais – criado pela Revolução Francesa e formalizado pela ONU –, como organizações de combate ao crime em nível planetário – Interpol (pedofilia, entorpecentes, prostituição, escravidão, armamentos etc.) –, tribunal internacional – organizações não governamentais globais – Cruz Vermelha, Greenpeace –, e mais uma infinidade de outras soluções globalizadas de convívio político e jurídico. Além disso, como se poderia afirmar a repulsa e a punição violenta, em nível local, a crimes como assassinato, estupro, sequestro, tortura, racismo, machismo, violência contra homossexuais e outras tantas práticas de discriminação e violência social?

Evidentemente, se estes valores são construções culturais derivadas de "processo histórico", existe uma relação estreita entre tais concepções e interesses determinados social e politicamente, e o desenvolvimento linear de tais "sentimentos", verdades e sentidos, deve ser refutado assim como a sua universalidade deve ser mais bem explicitada. Não temos dúvidas que valores morais e comportamentos éticos existem por sua funcionalidade, isto é, apresentam utilidade para a sociedade, como afirmou David Hume. O "sentimento" generalizado de repúdio a práticas humanas antiéticas como as mencionadas acima derivam, obviamente, de que elas se autorizadas destruiriam os próprios homens e as sociedades que formam e habitam. Elas são assim repudiadas, ou, ao contrário, eticamente aceitáveis, porque desempenham funções úteis na sobrevivência da própria espécie. E se todas as sociedades humanas se constituem exatamente para sobreviverem, é comum a todas que práticas não úteis e nocivas sejam repudiadas e moralmente condenáveis.

Defender os valores morais e éticos como processo sócio-histórico, não significa que tais comportamentos não tenham uma essência fundante mais "duradoura". Não há como se confundir essa ideia eidética com a "eternização" e "coisificação" valorativa do fenômeno social conforme o faz toda uma série de filosofias modernas, comprometidas mais com a tecnocracia do que com o criticismo. Neste sentido são oportunas as colocações psicanalíticas pós-modernas, com os seus conceitos de "devir", "fluxos" ou "platôs", preconizados por autores como Derrida, Delleuze, Foucault, Guattari e Lacan. O desenvolvimento do homem enquanto Ser é sócio-histórico, e nesse processo os valores orientadores da vontade em relação às coisas e a alguém, são recriados e reinventados permanentemente orientados por motivações mais conjecturais e que se valorizadas do ponto de vista da liberdade simbólica e comunicacional, podem se opor às sutilezas do poder nas sociedades de controle contemporâneas. Portanto, não existem imutabilidade e leis fixas no devir social humano.

Por outro lado, deve existir algo que tenha uma "superioridade de matriz", a partir de onde essa vontade se realize; ainda que apresente diferenciações de grupo social para grupo social e mesmo alterações históricas dentro de um mesmo grupo, de indivíduo para indivíduo, uma ética "minimalista", quer dizer, ao mesmo tempo composta por "máximas mínimas", precisa ter legitimidade suficiente, e a necessidade de alguma longevidade, para impor limites aos direitos e poderes desmesurados do Ser, do Direito e do Estado.

O *Ser-para-si* sempre reconhece o "tabu", reconhece o valor essencial de seu grupo, a partir do grupo mesmo, quer dizer, do Outro seu "patrício" e por essencialíssima necessidade de convivência. Por exemplo, o 'tabu do incesto' mencionado por Lévy-Strauss (1908-2009) em *As Estruturas Elementares do Parentesco*, como princípio, é sempre, de alguma forma, enquanto proibição de algum tipo de acasalamento e reprodução da espécie, universal nas sociedades humanas. Mas não o é de forma específica igual em conteúdo: pode-se ter a proibição embasada no casamento de pais com filhos e entre irmãos em uma sociedade dada, mas em outra a proibição, o inadmissível, é o casamento entre tios com sobrinhos, por um único fator, a herança, que neste último caso é dada pelos tios e não pelos pais.Claro que ao longo do tempo, preservada a sobrevivência da espécie, transformações existirão nos conteúdos destas proibições, mas de forma lenta, necessária à formação de uma consciência ética a par de novas práticas, mas que não pode, nunca, permitir o aviltamento à condição de ser Eu mesmo e ser respeitado conforme o respeito que é devido ao Outro. O 'tabu do incesto', que em nossas sociedades "proíbe" e vê como hediondo o acasalamento entre pais e filhos, e mesmo irmãos, que permite todo um controle da sexualidade, e, fundamentalmente, a questão de propriedade na herança, está profundamente arraigado à impressão de consequências nefastas para a sobrevivência do grupo, tanto do ponto de vista econômico (herança) como de saúde (a crença de que filhos destes acasalamentos serão seres não saudáveis), ainda que hodiernamente não existam maiores dúvidas que deriva de uma construção social e pouco tem a ver com características natas do ser humano.

Para além, portanto, de qualquer valor místico-religioso transcendental da alma, ou de uma noção nata de pecado e imoralidade, no caso da "proibição do incesto", a repressão da sexualidade se reveste de um caráter eminentemente político, de poder que disciplina dois princípios socioeconômicos basilares: a questão da propriedade e da herança. Em qualquer circunstância é o Outro que está por detrás da essência desta proibição que é indicativo do poder relevante na sociedade. Por mais que se imagine o grupo e o Ser em uma construção sócio-histórica não se imagina como liberdade certos atos que se acredita colocarem em perigo o grupo, a nós mesmos e aos outros. Esta essência não se confunde com a imutabilidade positivista dos fenômenos sociais e da perenidade do devir histórico político que é o que no fundo está por detrás da Filosofia das verdades únicas e objetivas do mundo tecnocientífico atual. Isto nos autoriza a pensar que o tabu do incesto é, em princípio, um princípio moral tão "minimalista" quanto a Proibição de Homicídio.

Em nossa visão é possível reconhecer a mutabilidade de qualquer valor social em sua construção material histórica na luta pela sobrevivência humana coletiva. No entanto, a essa mudança, está dada como limite, a consciência da convivência do grupo e a sua capacidade de criar novas condições para tal, o que, em última análise, pressupõe o tempo todo o respeito à condição humana, e ao Outro como parâmetro do Ser. É o Outro e não a Ordem a essência da ruptura no âmago do resgate da crítica na Filosofia: a fenomenologia da existência se reduz não à Ordem, mas ao Outro, como verdade eidética. Os tabus e as proibições passam por esse crivo. O tabu de incesto, que até duas ou três dezenas de anos atrás nas sociedades modernas ocidentais era revestido de conteúdos mais coercitivos (primos e parentes mais distantes eram igualmente proibidos de casarem), tem adquirido, desde então, conteúdos mais "permissivos", enquanto a condenação do assassinato nada mudou a não ser, na maioria das vezes, por reformas legais que impõem punições mais severas, na contramão daquilo que se esperava de um Direito mais restaurativo.

Os valores morais mais "básicos", essenciais, primordiais, por mais que se rejeite a universalidade da sua constituição e por mais que se veja seu "fluir" em relação aos poderes, deve-se admitir que, em última análise, sociedade alguma jamais concordou, mesmo em condições extremas, como estado de exceção, guerra ou calamidades, que o genocídio fosse moralmente aceitável e se perpetuasse, porque, evidentemente, isto em derradeiras circunstâncias imporia o fim da sociedade e o motivo pelo qual fundamentalmente ela foi criada, a sobrevivência humana.

Este é o motivo pelo qual, verdadeiramente, os governantes e os gestores do Estado se veem na necessidade de justificarem técnica e cientificamente suas ações, mesmo os que detêm o poder em condições excepcionais de aprovação, ou pela execução do poder legítimo ou pelo mais puro terror. Igualmente, é por isso que sempre haverá resistência contra as situações de exacerbado poder e totalitarismo. O fato de existirem apenas alguns poucos, ou muitos, não muda a questão moral de que a sobrevivência humana está em algum momento em perigo, e esta percepção move mais montanhas do que a retórica política do autoritarismo. Não seria desmesurado afirmar que essa mesma moral pode conduzir a comportamentos éticos que questionem e criem rupturas com os mecanismos de submissão autoritários que submetem amiúde os indivíduos, tanto nos sistemas de Direito como os que subvertem a legalidade. Neste sentido não existe razão para que se oponha a ética aos processos de resistência mais psicanalíticos libertários defendidos por autores como Gilles Deleuze e Félix Guattari (*O Anti-Édipo*, 2011).

Existem filosofias que tratam como sinônimo "movimento" e "processo histórico", o que, evidentemente, é no mínimo, um erro fatal. Isso confunde os leitores, que passam a ver evolução sociopolítica do devir humano onde não há, pelo contrário, existe apenas "movimento" pouco qualitativo, onde muitas vezes o que se apregoa é o fatalismo, o fim da história (como no caso dos defensores do Neoliberalismo, como Francis Fukuyama: *O Fim da História e o Último Homem, 1992*) ou mesmo uma radicalização filosófica à direita do tipo Nazismo, ou à esquerda do tipo Stalinismo.

A estética do Ser, que procura a ética como vontade e como opção existencial, haverá de distinguir o que seja movimento transitório das coisas e das quantidades, do que é efetivamente processo transformador próprio do indivíduo que se estende, contudo, aos processos qualitativos sociopolíticos mais abrangentes. Entretanto, diante das contingências da práxis nem sempre é simples identificar ou mesmo optar pelo que é correto, primeiro porque as tensões e as exigências práticas e superficiais da existência humana compelem os indivíduos a escolhas sabidamente antiéticas, depois, porque nem sempre é possível identificar diante das circunstâncias e contextos complexos o que seja exatamente a conduta ética. Sabidamente a opinião da maioria e a escolha do grupo nem sempre é a escolha e a opinião mais acertadas do ponto de vista de máximas morais. Mas ainda assim sempre será possível perguntar o que seria correto acontecer ao Eu para parâmetro do que cabe fazer-se ao

Outro. Desde que, obviamente o Outro seja considerado como humano e não como coisa, o que significa que o primeiro grande mandamento da Personalidade Ética é evitar a desumanização do ser humano, pois implica imediatamente a sua própria desumanização.

Podemos colocar a seguinte situação ilustrativa: Um prisioneiro pergunta ao soldado se não se sente condoído por ser seu executor, cujo crime cometido é apenas o de pertencer a outra etnia, outra religião, ou simplesmente ter se manifestado abertamente contra o Estado. O soldado responde que apenas cumpre as ordens que recebe e é por isso que ele é soldado, afinal alguém deverá executar a sentença. Então o prisioneiro lhe oferece um cigarro e chora. O soldado pergunta por quê? O prisioneiro responde-lhe: "De alegria, porque logo estarei em paz e me libertarei do sofrimento, mas também de tristeza, porque você nunca saberá o que isso significa!". *O algoz é infinitamente mais desumano do que sua vítima. Este é o motivo pelo qual nos grandes genocídios efetuados pela humanidade sempre houveram processos habilmente planejados e orquestrados para desumanizar e reduzir à coisa os mais fracos, os que estavam ou foram colocados do outro lado do poder. Porque contra eles, assim descaracterizados como humanos, os algozes podem se sentir mais à vontade para cometerem as piores atrocidades sem sentimento de culpa ou remorso.*

Obviamente que igual descaracterização acomete os executores mesmo que não se deem conta disso. O puro racionalismo utilitário e sensitivo, instrumental, da mesma forma que o fanatismo do tipo religioso, parece desobrigar o Ser a efetuar suas opções existenciais, e nesta medida o agente social não pode "chegar a ser" pela reflexão crítica, visto que apenas é produto, consequência da "socialidade simples" que lhe promove a sobrevivência. É necessário inserir os momentos de construção social do Ser em um contexto de autoconhecimento responsável capaz de proporcionar a reflexão crítica do mundo em que reproduz sua existência pela práxis.

> Desse modo, existe na humanidade uma luta entre os impulsos inferiores e os superiores, na História uma luta entre a concepção sensorial-racional do mundo e a experiência interior integral. Essa luta é a causa última da indissolúvel controvérsia dos sistemas da metafísica na humanidade. Somente através do autoconhecimento pode ser superada. A ética só é possível com base no autoconhecimento (...) O fato da ética só poder ser sustentada a partir do autoconhecimento e da consciência crítica, mediante a supressão

> do parecer sensorial e da mera opinião racional: esta sentença deve ser consolidada então em primeiro lugar através de uma crítica do utilitarismo. Isto se encontra no acesso a uma fundamentação crítica da ética (Dilthey, 1994: 36).

O homem, para ser ético, tem duas motivações: fugir dos instintos e conviver socialmente; as duas se correspondem dialeticamente no Ser. Isto pressupõe o mínimo de coerência nesse convívio: "(...) A ciência está para os cientistas tão somente na medida em que estes servem ao processo pelo qual se clarifica cada vez mais a consciência relativa à coerência do mundo" (Dilthey, 1994: 32).

Essa coerência que no convívio social nos eleva da animalidade, pode ser compreendida pelo comportamento ético. Quando a coerência do convívio social é rompida assalta imediatamente aos homens o sentimento de culpa e de falta de decoro em seus comportamentos. Como viver eticamente em sociedade, que necessariamente é produto do esforço coletivo, ao mesmo tempo em que existe tão pouca coerência na repartição desse mesmo produto coletivo? Como fazer com os outros, aquilo que não desejaria para mim enquanto justo? A noção de justiça e de ética não precisa nem da metafísica divina, nem de um código normativo para mostrar aos homens o que seria um comportamento decente: basta que na dialética da práxis as condutas humanas repudiem a desigualdade, a mesquinharia, a idolatria, a intolerância, a mentira, a corrupção e tanto de outros sentimentos e sentidos inócuos da vida.

Esta ética não é mais puro utilitarismo, não é positivismo e não é, também, materialismo puro: é práxis, é dialética, é uma fenomenologia que parte da existência e que se reflete no espírito humano que só aceita a coerência eidética como pressuposto de uma estética do Ser, não das coisas, não dos objetos, não das mercadorias, não dos prazeres fúteis, efêmeros, superficiais. Essa estética do Ser se revolta, se indigna, se entristece. Essa estética do Ser precisa ser construída, portanto, pela coerência de que felicidade humana é um direito universal do gênero. Que a sua própria ideia de bem-estar é possível na conquista da felicidade dos homens pela ação construtiva prática de cada um rumo a esse objetivo. O Outro em mim: espero fazer a diferença para que seja o Eu nos outros, mas como resultado do Eu querendo, por suas forças, por sua conta e risco, dialeticamente laicizado, autossuficiente.

A *"Desobediência da Personalidade Ética"* funde o Ser (o Eu mais subjetivo, p.ex., o desejo) e o dever ser (a moral e a prática ética do ponto de vista coletivo), o *Ser-para-si* com a *Consciência-para-si*. A solda desta fusão seria o processo histórico capaz de humanizar. Entenda-se: inegável a necessária opção de vontade do Ser em: a) ser ele mesmo; b) ser ele mesmo ético; c) ser ele mesmo ético pelo inesgotável desejo de liberdade absoluta e irrestrita. Contudo, ao final deste processo tanto de sobrevivência material como espiritual, o *Ser-para-si* existencial já transvalorou-se de tal forma que reconhece os limites de sua soberania pessoal e lhe aflora no Ser a obrigação de dever ético, bem-coletivo, felicidade comum, igualdade de condições existenciais, democracia e justiça social real. Reconhece-o como valor e como necessidade. Neste processo, a práxis impele o homem do instintivo ao natural, posteriormente deste ao voluntário: neste último estágio de consciência pesa a fenomenologia que, de forma eidética, revela as necessidades discricionárias e exploratórias dos modos de produção e a ideologia das classes hegemônicas a inverter o concreto em dominação política e simbólica.

Nesta concepção pouco importa qual o caminho que o Ser enseja nesse processo: pode ir do subjetivo egológico do Ser para o objetivo coletivo do dever ser ou da consciência de classe, como pode, e muitos o assim fizeram, partir exatamente da consciência revolucionária de classe para a revolução espiritual de si mesmo. No final, as opções e as histórias de vida se fundem pelo processo deontológico. Pode o Ser ser uma individualidade plena e feliz sem que pese sobre ele a opção irrevogável da ética? Pode esta individualidade prescindir do Outro, da coletividade, como parte deste mesmo processo rumo ao dever ser? A resposta é, obviamente, não.

> Mas como é que, mesmo elaborando de imediato o seu repertório instintivo de noções universais, o/a besta – toda estupor e ferocidade – que coloquei em cena poderia chegar a compreender que deseja fazer certas coisas e que não deseja que lhe façam outras, e também que não deveria fazer aos outros o que não quer que façam a si mesmo? Porque, felizmente, o Éden populou-se rapidamente. A dimensão ética começa quando entra em cena o Outro. Toda lei, Moral ou jurídica, regula relações interpessoais, inclusive aquelas com um Outro que a impõe (Umberto Eco, *Quando o outro entra em cena, In* Cinco escritos morais, 1998: 94-5).

Não importa o trajeto: em algum momento a opção pelo dever ser precisa necessariamente ser tomada, e a partir desse momento a liberdade e individualidade caminham em nome da prática existencial irreversível pela decência. Na ânsia de liberdade a qualquer custo, muitas vezes se esquece de que a conquista da tal liberdade e individualidade é obrigatoriamente um processo histórico, ao mesmo tempo pessoal e coletivo. Fora isto, seria fechar-se em uma casca de ostra e rumar para o isolamento. Quer o Ser ser? Precisa dizer Não, praticar alternativas contra a objetivação do humano. O mais concreto é partir sempre do concreto mesmo. Já existem individualidade e liberdade bastante, nestas condições históricas dadas, ao se poder fazer uma opção irreversível pela decência.

Pergunta-se: o que é ser decente? Existe uma decência absoluta e universal? O fato de tantos seres se perguntarem sobre estas questões já é sintomático: os espíritos e consciências aviltaram-se ao dogmatismo contemporâneo da pretensa "liberdade irrestrita", pseudoliberdade, manipulação da racionalidade tecnocrata da liberdade, sem capacidade de distinguir o que seja liberdade e irresponsabilidade, e em nome da ordem perpetrando as maiores violências à luz do dia.

Uma estética do Ser assim vê algo de absoluto e universal na fuga da animalidade, transformando instintos em sabedoria, tanto mais quanto a construção democrática da convivência coletiva é uma opção irreversível do Ser pela ética em prol do bem comum, como a afirmativa de quem diz que "o amor sem limites por si e pelos seus é o ódio pelas instituições e pelas significações dos outros e pelos indivíduos que as encarnam" (Castoriadis, *Feito e a ser feito – As Encruzilhadas do Labirinto V*, 1999: 149). A próxima revolução precisa aderir a esta ideia. Quiçá a superioridade do espírito esteja exatamente ao reconhecer que a maior, a mais penetrante singularidade é, por vontade própria, querer ser o que "se é" pela dedicação inconteste ao Outro, ao bem coletivo, à felicidade universal. Não exatamente como altruísmo, ainda que muito dele seja exigido nos dias que correm porque contra ele concorrem toda a superficialidade e ideologia do industrialismo e consumismo a alimentar incessantemente a tecnocracia de controle. É que não existe vida sem devir coletivo, sem processo relacional, e sem transvaloração para uma individualidade ética. Ou seja: se Eu preciso viver, preciso do Outro, e nesta relação ora material ora espiritual, construo a consciência das limitações que esta convivência ontologicamente pressupõe.

Em Hegel: o espírito subjetivo encontra-se diante do Outro, e daí deriva o espírito objetivo, a consciência da liberdade possível em lugar da liberdade instintiva ou irrestrita. Neste processo dialético, atinge o Ser o espírito absoluto, esta totalidade Eu-Outro, Ser-Dever--ser. Ponha-se a práxis na dialética transcendental de Hegel e aqui temos o processo material histórico a construir a opção pela decência e pelo coletivo. A mesma força vital da vida está, em outros termos, em Freud: *Id, Ego e Superego*. Hegel não eliminou a liberdade nos homens: racionalizou-a. Mas que racionalização é esta? Dar à razão humana o sentido inefável do Outro. Não das coisas, não do *Ser-em-si* "coisificado". Não negou a individualidade do Ser, relacionou-a a outros seres. O resultado final deveria ser um Estado e objetivamente um ordenamento jurídico a consolidar esta dialética do Ser. A revolução ética necessária, enquanto fenomenologia existencial praxiana, inclui o espírito nas estratégias de sobrevivência prática dos homens no decorrer da história sem perder a dimensão dialética entre liberdade e responsabilidade.

Também, e por isso mesmo, o resultado final, a *utopia*, é o fim do poder do Estado. Mas este fim do Estado e, consequentemente, de um ordenamento jurídico positivista e dogmatizado na lei, só poderá ocorrer quando da sobrevaloração da ética e do bem-estar social em meio a uma democracia universal social plena e justa. Até lá a história do indivíduo se confunde com a história social de seu grupo; a opção absoluta pelo comportamento ético implica *per se* a praticidade corajosa do Ser que assim optou. Se para isso a *"desobediência ética"* for o único caminho, então não haverá o que temer, só o acalento e fortalecimento dessa mesma opção e práticas.

Eis como o subjetivo e o objetivo se entrelaçam: o Ser decide de forma irremediável ser ético e decente em todas as suas práticas com vistas ao bem comum e felicidade universal dos homens. A prática corajosa decente desobedece em todos os momentos, a tudo e a todos, que de alguma forma estiverem a serviço da desigualdade, da discriminação, da exploração, da dominação, da alienação, da brutalidade, do arbítrio, da tirania conspiratória. *Esta prática desobediente da ética do Ser deve ser sempre pelo exemplo de não-violência!*

**PARADIGMA 15:** A opção pela ética exige duas condições: conhecimento e liberdade. Sem conhecimento o espírito se brutaliza e fica vulnerável. Sem liberdade o ser político não assume a sua condição de ser social e não pode ser imputado. Daí deriva que a ética só nasce no ser quando ele compreende que o cuidar de si implica na relação com o outro e quando, livremente, ele escolhe seu projeto de vida em consonância com o bem coletivo. Por isso, escolher trilhar a ética é, nestas condições, irreversível, na medida em que é uma escolha filosófica e política do ser em seu processo especulativo em torno da perfeição. A opção é irreversível e absoluta, pois em caso de regressão não é apenas o ato que se pode condenar, mas é, antes de tudo, o próprio ser que se avilta.

**PROBLEMA:** A opção pela ética é atributo de pessoas adultas. Só elas possuem conhecimento e liberdade suficiente para serem responsáveis por seus atos antiéticos. Só pessoas adultas, em pleno exercício de suas faculdades intelectuais, portanto, podem ser imputáveis. Isto porque a conduta ética é incondicional. O dilema do homem moderno é que a realidade que o envolve, em todos os aspectos, inclusive a regulação legal, é do tipo condicional. Num mundo condicional o espírito prescinde da filosofia, da escolha existencial, da responsabilidade como ser social. A pós-modernidade, então, se especializou em uma vida fácil, atemporal, virtual, irresponsável porque as condicionantes tomam conta da vida. É possível ser feliz assim. Mas é possível Ser-se assim?

**EXERCÍCIO:** Pense: "O que não é possível fazer, mas se fosse possível eu o faria para ser uma pessoa melhor". Escreva sobre isso.

**LER:** O poema "Homens Ocos" de T. S. Eliot.

**VER:** Filme "Apocalipse Now" (1979) de Francis Ford Coppola.

## 6.2. PARA UMA ESTÉTICADO DIREITO

Um Direito alternativo ao dogmatismo jurídico precisa "relativizar" o dever-ser em sua doutrina e prática. Portanto, saindo da superficialidade do fenômeno social delituoso, devem os operadores do Direito investigar as causas e as circunstâncias dos fatos, julgar a partir da "essência das circunstâncias", da fenomenologia existencial dos atores partícipes e de si mesmos. *Uma estética do Direito coerente e portadora de equidade obriga necessariamente a que as condições históricas dos fatos sejam apuradas, não só em detalhe científico – de forma sistêmica e teleológica –, mas, também, que os sujeitos operadores se reduzam às circunstâncias apresentadas colocando-se eles mesmos como réus e vítimas.*

Claramente, uma reflexão jurídica, principalmente sentencial, que não procura a humildade de se "colocar na pele do outro" e como protagonista das circunstâncias que envolveram o "fato jurídico", reduz, simplifica o Direito ao mecanicismo positivista, "coisifica" o humano em experiência insensivelmente física: destrói o Direito como ciência dos homens. O "dever ser não jurídico" para o Ser é antes de tudo a interiorização do exterior; a estética que daí advém é esta opção de "salto" rumo ao reconhecimento interior do humilde, ao desprendimento na incorporação do Outro no Eu, à abnegação do egoísmo profundamente mercantil em prol de uma clarividência teleológica no resgate da justiça social. Uma estética verdadeira do Direito gira em torno destes princípios.

O positivismo jurídico é inverossímil, no sentido em que não se pode estabelecer a validade e legalidade de uma norma prescritiva apenas por decorrência de uma outra anterior, e pelo fato irrefutável que a norma fundamental não se encontra, senão por mecanismos teológicos e metafísicos, além da realidade social concreta. E também a formalidade da norma, seja qual for seu embrião metodológico, preserva a coerção e exterioridade como fundamento do ordenamento jurídico sem qualquer relação com os indivíduos sociais, política e materialmente definidos. Não é, pois, de estranhar que toda a arbitrariedade, opressão e exploração, exclusão e discriminação sejam sempre defendidas pelo Estado de exceção (ditaduras, tiranias, fascismos, nazismos, ditaduras do proletariado, totalitarismos culturais, fundamentalismos religiosos), como válidas e juridicamente legais.

É sempre a Ordem, com base na lei, que justifica a força bruta, a irracionalidade e a insanidade do poder de Estado, seja lá quem dele seja detentor. No fundo, é a omissão desse Direito Positivo, positivista, que coloca a neutralidade e objetividade como recurso ideológico do poder do Estado e das classes dominantes, que incentiva a ilegitimidade e arbitrariedade de fato. Mais do que a formalização da norma, a norma acima do Direito natural e dos Costumes, mais do que uma visão política de sociedade e de uma necessidade de organização formal, a ciência jurídica, quando positivista, é um instrumento de disciplina e vigilância do Estado moderno. Há que se discutir a origem desse Direito Dogmático, dessa norma, dessa objetividade, dessa neutralidade, dessa visão de homem passivo diante da história que pretende compreender, mesmo quando está diante das piores atrocidades cometidas contra a maioria dos indivíduos.

Veja-se esta passagem da *Teoria Pura do Direito* de Kelsen, exemplo que os doutrinadores e juristas positivistas lançam mão:

> Num sentido muito amplo, toda a conduta humana que é fixada num ordenamento normativo como pressuposto ou como consequência se pode considerar como autorizada por esse mesmo ordenamento e, neste sentido, como positivamente regulada (...) (2000: 17).

O Estado moderno industrial é uma superestrutura jurídica sob a qual se desenvolvem determinadas condições econômicas e sociais. Portanto, o colossal aparato jurídico-normativo e de poder que cada sociedade experimenta a cada momento, em seu devir histórico, está sempre enraizado não no idealismo filosófico do cientista, do doutrinador ou do juiz, mas nos homens do povo, nos cidadãos, nas divisões sociais e seus relacionamentos, tais como se verificam concretamente na produção de sua existência.

Em cada sociedade predomina um modelo produtivo com características definidas pelo qual se pode compreender a forma reguladora dos comportamentos humanos em sua generalidade. São estas características que possibilitam que os homens se organizem e estabeleçam vínculos, antes de subsistência material, depois de reprodução da vida cultural, finalmente da vida política com determinada configuração de poder. Por exemplo, o sistema capitalista de produção, e igualmente o capitalismo do Estado, não são uma idealização filosófica do cientista, do poder ou mesmo de uma classe social. São relações sociais específicas econômicas e políticas oriundas da dinâmica que os homens, determinados por suas condições materiais de vida, criaram na luta pela sobrevivência.

Da mesma forma, o Direito, como ordenamento normativo, não é a pura idealização do filósofo, mas apenas o aparato jurídico, que a par das condições de vida e relações sociais adjacentes, cristaliza no aparato de Estado essas mesmas condições. Assim, o Direito tem uma substância, uma concretude, que são os homens em processo produtivo, tal como se dá na realidade. Portanto, existe sim uma história do Direito: é a história da vida dos homens reais na produção de sua vida.

O Direito tem uma essência: as relações sociais materiais relacionadas com a produção, que se espalham por todo o corpo social, nas suas instituições e aparelhos. O Direito é dialético: as condições de vida e as relações sociais que o compõem apontam para diversidades contraditórias que, de alguma forma, precisam se "complementar", produzindo a síntese mais acabada da existência humana. O Direito emana da Filosofia da práxis, da luta entre o meio e a sobrevivência, da luta entre teoria e prática, da luta entre a aparência e a essência, da luta oriunda da desigualdade, dominação, opressão e exploração entre os homens.

Neste sentido, o filosofar precisa abstrair a norma e a lei como reflexa dessa concretude. O Direito é, ao mesmo tempo, concreto e abstrato. A rigor, o Direito é concreto, pela sua base material, abstrato, na medida em que procura e precisa refletir essas condições concretas. O conjunto de normas jurídicas, por mais que esteja perfeito em sua organização, e por mais eficiente que seja na sua instrumentalização e praticidade - e isto é, efetivamente, necessário para que alcance autonomia como ciência e, principalmente, possa obter *status* de força de lei e ser legitimado pelos cidadãos -, ainda assim precisa refletir adequadamente a realidade dos homens a cada momento histórico e determinado de suas condições de existência. Porém, ao fazer esta abstração, a transformação da relação social em norma levará em seu bojo todas as circunstâncias de poder existentes nessas relações sociais, e nas ações concretas dos agentes sociais. *O poder não é criado pela norma; a norma já é reflexa das formas de poder existente entre os homens.*

Quando a norma estipula deveres e obrigações, estes já encontram espaço na prática da existência social humana. Quando se tem a impressão de que a norma prescritiva está nos obrigando a fazer algo que não queremos ou achamos injusto, esta impressão advém muito mais do fato de não termos conhecimento da essência das "coisas", do que de seu poder de ditar regras que nos parecem ilícitas. O fato de a norma atender melhor apenas alguns, o fato de a norma não ter a capacidade de acabar com a desigualdade e a exploração do homem pelo homem, o fato de o ordenamento jurídico ser extensão do poder disciplinador do Estado moderno, advém de que a Filosofia, a doutrina mesmo, que está por detrás da sua feitura, apenas reflete a injustiça encontrada no seio da própria sociedade.

E assim, também percebemos que a Filosofia usada na confecção da norma, e na cuidadosa organização do Direito, apenas se incomodou em adequar positivamente o aparato jurídico-político para que essas mesmas condições materiais de reprodução da vida sejam respeitadas a partir dos interesses já existentes. No século XIX e grande parte do século XX, essa determinação era razoavelmente fácil de ser percebida nas sociedades ocidentais capitalistas. O sistema capitalista de produção tem originariamente como condição especialíssima a dominação e exploração do trabalho; se o capitalismo tem como essência de sua forma de ser e existir a propriedade privada como forma de concentrar a riqueza social e se a cumulação de capital é legal no modelo, destarte a extrema miséria de uma nação e de várias e várias nações, então, de todas as formas possíveis o Direito terá que suportar em sua filosofia que a norma esteja para subsistir essas condições, a menos que os homens subvertam primeiro essas condições reais de existência.

Obviamente, estas condições ainda são existentes hoje, inclusive entre os modernos capitalismos de Estado (China) onde o trabalho é explorado em patamares iguais ao do início do capitalismo europeu no século XVIII e onde o Estado assume o papel do grande capitalista. A partir da segunda metade do século XX, no entanto, até por conta da eficiência dos Estados em atender às demandas sociais com vistas à Igualdade, o poder disciplinador e individualizante penetra definitiva e cientificamente no cotidiano, dissimulado entre instituições educacionais, de seguridade e saúde sociais. Em nome da liberdade essa individualização oficial cria um tipo de poder estatal onde a Filosofia presta serviços de conformismo, vigilância e controle. Aqui a política se funde com todas as ciências e o homem empresta seu corpo despido de ideologias e sentimentos de classe ou grupo. Neste sentido o Direito sofre de uma crise que se prolonga até nossos dias, pois ele é cônscio de que ou atende - como o tem feito - às necessidades reais do Estado tecnocrata, científico e moderno, e compromete-se com o poder disciplinador e de controle ou, se o recusar, estará fadado a ser um apêndice no jogo dos poderes das sociedades industriais pós-modernas. Para não ser alijado do poder submete-se à brutalidade e violência técnico-burocrática do Estado. Esta opção não está mais relacionada simplesmente à luta entre capital e trabalho, embora também o seja, mas entre poder e conformação dentro das dimensões próprias de sistemas autoritários.

A legitimidade do Direito está comprometida: primeiro porque a norma jurídica reveste-se da "ideologia" (Marilena Chauí, *O que é Ideologia*, 1980) de classe ou do Estado e se apodera do Direito positivo cobrindo-o de uma auréola divinal a ponto de nos passar uma ideia de objetividade e neutralidade em favor da justiça, condições inexistentes de fato, pois a realidade social estatal contemporânea não é nem neutra nem objetiva, haja vista que sua racionalidade é filosoficamente uma avaliação dos meios em relação a objetivos, entrando nesta análise os mecanismos apropriados para a execução ótima da disciplina individualizante do poder.

A Filosofia da práxis desmistificava o que não é real, mas superficial, demonstrando que a normatividade jurídica tem por essência, nas sociedades contemporâneas, a desigualdade e o controle produtivo. Por seu turno, as novas filosofias políticas do Estado servem aos mecanismos deste poder disciplinador e de controle, e assim, não podem, pelo seu próprio método e objetivos, resgatar a legitimidade jurídica do Direito. Demonstrar as multideterminações causais do Direito positivo dogmático é uma etapa, essencial, do processo de desmantelamento da inversão da realidade preconizada pela Filosofia política dos Estados atuais. Demonstrar o distanciamento do Direito que arbitra sobre um cidadão que não é levado em consideração nas suas necessidades e seus anseios de justiça, é hoje a tarefa menos árdua; demonstrar as estruturas capilares e os mecanismos dissimulados de poder das instituições públicas e privadas (tanto quanto possam estar ainda desatreladas do Estado) e suas tecnociências exige novas motivações e estratégias que vão além das tradicionais lutas de classe.

A intervenção humana é fundamental, poder a partir de indicadores reais, adquirir consciência de sua importância revolucionária a agilizar e facilitar o caminho de resgate consistente da liberdade com justiça, não pelo pacto com as conveniências institucionais, mas recusando-se a negociar e obter vantagens materiais de pouca valia coletiva e duradoura. Neste sentido, o filósofo, o doutrinador, o legislador e o juiz, devem visualizar as oportunidades concretas de um Direito posto como facilitador, motivador mesmo, desta mudança. Isto é possível pela própria dimensão dialética: como o Estado e a lei descem ao mundo real dos homens para exercerem seu papel de ordenamento e controle social, pode o Direito possibilitar uma intervenção que vá nesse sentido.

**PARADIGMA 16:** Aristóteles dizia que a educação e a liberdade são responsabilidades do governante. Também dizia que o pior criminoso era aquele que tendo tido o apoio da sociedade – educação e liberdade – escolhesse o mal. Conhecimento não é suficiente para construir o bem – por todo o lado existem pessoas com acesso à educação e têm condutas reprováveis. E existem pessoas cuja práxis lhes deu conhecimento para optarem pela ética. São pessoas boas. Mas uma vez que a governabilidade e o poder estão por toda a parte, é função do poder público educar com liberdade. Julgamos e punimos demais e educamos para a liberdade e responsabilidade de menos.

**PROBLEMA:** Os iluministas procuraram no Estado o instrumento de etnicidade. No entanto, o Estado não pode criar a ética, e dificilmente pode fornecê-la nas condições tecnocratas e mercantis da pós-modernidade. As sociedades de controle cibernéticas nos iludem ao oferecer a dimensão única: uma felicidade plástica e chipada. Qual o papel da governabilidade hoje? Há muito que não existe convergência entre governo e virtude. Só a volta a si mesmo, ao cuidado consigo, pode o ser ético não só denunciar a banalidade disfarçada da vigilância e controle, como impedir os aparelhos de poder usem de mecanismos coercitivos.

**EXERCÍCIO:** Proponha um exercício que você acredita que poderia ser compartilhado com outras pessoas e ajudaria a desenvolver o nível de consciência ética. Procure as pessoas que gostaria de compartilhar a experiência. Relate depois a experiência.

**LER:** O ensaio "Van Gogh: O Suicidado pela Sociedade" de Antonin Artaud.

**VER:** Filme "O Ovo da Serpente" (1977) do diretor Ingmar Bergman.

## 6.3. PARA A ÉTICA NO ESTADO DE DIREITO

A estética do Direito precisa ter uma essência ética. Por isto mesmo o devir humano se confunde com o devir jurídico, como uma totalidade que são. Logo, certa resistência civil individual ou coletiva pode, e deve, se estender dos espaços da vida pública para o espaço público do Direito, por exemplo, diante da inutilidade ou injusta norma. Pode parecer uma posição contra a ordem, contra a segurança jurídica, contra os costumes, contra o divino no Direito etc., mas, na verdade, é apenas uma posição contra a insensatez, a incoerência, o paradoxo da desigualdade na existência social e na formação da consciência do Ser; uma posição contra o paradoxo de coabitar no seio da "justiça" a injustiça. Em suma, uma estética do Ser e do Direito deve aparecer "contra" a filosofia que da produção humana coletiva, material e espiritual, retira privilégios privados e os coloca acima do coletivo.

A ideia de uma *"Desobediência da Personalidade Ética"* compreende justiça social em meio à democracia social plena; uma opção pela ética como estética eidética do Ser e do Direito. Não é religião, não é ética divina, não apenas a razão, não somente o sensorial: a "vida como ela é" e como absorve os homens na sua luta pela existência material e espiritual. É a procura da sensatez e coerência como opção pelo homem coletivo, o bem comum, a sabedoria a serviço da felicidade humana. Procura-se um Direito que não seja de "madona vendada", mas de "olhos destapados" para enxergar que os "pratos" estão historicamente desnivelados e que o "fio da espada" já é o palco cotidiano da esmagadora maioria dos homens mundo afora. É notório que quando a espada cai costuma cortar mais as cabeças de um lado do que do outro. Quando a indignação fere a estética ética do Ser há que se indignar: o Direito moderno precisaria de uma estética assim.

Quanto maior a responsabilidade de cidadania os indivíduos apresentarem em um grupo determinado, maior a tendência a que o respeito ao Outro, e sua reciprocidade, seja sentido como dever e assim "relativize" potencialmente o Direito disciplinador. O inverso é absolutamente verdadeiro – se não for a cidadania só poderá prevalecer a frieza da lei –, motivo pelo qual, a partir de determinado momento histórico de um povo, esta recíproca se *cristaliza nas consciências,*[28] a ideia que os indivíduos não podem sobreviver a não ser atrelados a um poder estatal e instituições reguladoras e punitivas, vistas como as únicas capazes de proporcionarem harmonia e respeito mútuo. Não percebemos, mas isto representa, a bem da verdade, mais do que o fracasso da convivência social responsável, mais do que a condição

28. Quando a produção da vida material dá aos homens a qualificação de instrumentos de produção e consumo, e nada mais do que isto, uma quase coisa a se realizar e obter sucesso pelo que consome e apresenta ter, em detrimento do que é, é evidente que sua relação máxima é com os objetos, as mercadorias deste viver, e não mais com o seu semelhante. A medida de sucesso e felicidade não pode mais ser o Outro, mas a Outra Coisa – *"Objeto Quase"* de Saramago –, nem tão pouco Eu, mas as coisas sonhadas, desejadas!

de cidadão, mas a derrocada da própria condição humana, sua autonomia e segurança.

Não há como esquecer que é aqui, exatamente aqui, que a ética, ao não reconhecer respeitosamente o Outro como aprimoramento do Eu, dá vazão para que um poder terceiro reconstrua esse reconhecimento. *Necessariamente, entretanto, esse reconstruir por um terceiro não é apenas a convivência possível e uma estratégia de sobrevivência: é, sobretudo, um formatar técnico e politicamente objetivado do Ser (ambos os Seres).*

Na medida em que deixou de ser uma opção o aprimoramento ético pela intersubjetividade autônoma e livre meio à práxis dos indivíduos, os mecanismos técnicos colocados pelo Estado de Direito, não formatam apenas as possibilidades da convivência e respeito, cidadania etc., mas concretamente está dada a plenitude da alienação[29] e "desconfiguração" do Ser, do humano, exatamente porque deixa de ser seu juízo autônomo o reconhecimento de suas próprias limitações no espaço social. É por este motivo que, necessariamente, a história do Direito positivo e positivista, ordem e progresso, não logrou e jamais o poderá fazer, diminuir a violência e o estranhamento dos indivíduos entre si. E igualmente, em relação a esse terceiro despótico, que destarte ser um Estado de Direito, e destarte o poder que usa para coibir atos desintegradores, só os reforça pelo motivo que não posso como Ser plenamente constituído, reconhecer uma autoridade capaz de me fazer respeitar o meu semelhante.

Não posso reconhecer essa autoridade não por opção político--ideológica, desobediência civil ou algo assim, mas não posso porque já não sou Eu como indivíduo que o assim deseja e assim o construiu para si. Fora da escolha e opção do Ser não pode existir obediência, porque para o Ser não é humano obedecer ao que o transformou em um não humano. Não pode o Ser perder o espelhamento do Outro,

29. O problema da alienação humana é que independentemente das causas e configurações históricas que possa tomar, ela remonta, em última análise, para a condição da plasticidade extrema com que a inteligência humana é capaz de formatar as mais variadas possibilidades do enxergar. Assim, a tendência maior contra a verdade e o que realmente é importante é a imaginação dos valores e conteúdos, mais do que as formas de vida. Para imaginar ser ou ter o que não sou ou não tenho basta "um quase nada", uma sutileza subliminar, todavia sublimada pelo poder.

da mesma forma como não pode o Ser abdicar a opção por si e por ele. Não é altruísmo ou humanismo exacerbado, ou algo que o valha. É a construção ontológica do ser de cada um. Fora disto não existe humanidade e, portanto, respeito suficiente para uma educação de cidadania minimamente eficiente em termos coletivos, o que torna o Estado de Direito insuficiente, pouco eficaz e efetivo quanto mais as sociedades contemporâneas anseiam por autonomia.

Deste ângulo parece insuficiente apontar como causa da violência moderna a ineficiência estatal em punir, o esvaziamento das instituições familiar, religiosa e escolar. Normalmente estas visões se apegam a um único fator controlador da "anomia" social: a impunidade.[30] É claro que a impunidade pode acelerar esse processo de estranhamento entre o Eu e o Outro e conduzir a passos largos para situações de extrema frieza e isolamento do tipo "salve-se quem puder" ou "fazer justiça pelas próprias mãos". Mas este é apenas um fator menor entre tantos outros nas sociedades democráticas atuais. Deve-se questionar que peso tem esse fator diante da derrocada premeditada e esvaziamento planejado do humano em cada Ser.

A conclusão mais sincera a se chegar é que quanto mais o Estado de Direito moderno utiliza mecanismos de disciplina e vigilância pela instrumentação dos micropoderes nas instituições sociais, mais a violência aflora desmedida, não necessariamente como reação a esses poderes, mas como resultado, devemos admitir, da crueldade que não encontra mais parâmetros e limites à pulsão extrema da liberdade sem a contrapartida da responsabilidade em ser livre. Doravante, mais do que a violência produto da pobreza e da perda dos direitos da cidadania, e mais do que a

30. Por exemplo, Ralf Darendhorf (1929-2009): "Mas os homens podem viver a caminho da anomia, que é, na verdade, a condição de algumas sociedades contemporâneas. Iniciamos com algumas definições sobre o crime e suas vítimas. Elas fornecem indicadores, porém poucas provas. Tentamos então dar um sentido aos números e descobrimos que o caminho para a anomia seria um caminho ao longo do qual as sanções iriam sendo progressivamente enfraquecidas. Os responsáveis deixam de aplicar as sanções; indivíduos e grupos são isentos delas. A impunidade torna-se quotidiana" (*A lei e a Ordem*, 1987: 36). E ainda Celso Antonio Pinheiro de Castro: "Dada a natureza, os crimes contra a pessoa e contra a propriedade chamam mais a atenção, sobretudo por sua propagação sem a correspondente ação repressiva, possivelmente em razão da política de segurança atualmente existente, ou inexistente. (...) Difunde-se a ideia de a impunidade estatuir-se como estímulo à prática do crime" (*Sociologia do Direito*, 2000: 318).

ineficiência do Estado em julgar e punir, o que realimenta inexoravelmente a violência é a derrocada da noção de convivência, tolerância e respeito aos outros, o fracasso, afinal, da noção política de *pólis* e da solidariedade e responsabilidade que pertencer a uma comunidade implica. O acesso a bens materiais e uma vida cuja filosofia é aproveitar a qualquer preço a existência, e, principalmente, o interesse individualizante que o Estado de Direito atual burocraticamente promove para isolar cada indivíduo como forma de o "defender" e controlar produtivamente, realiza na mente e na alma dos homens contemporâneos a felicidade perdulária e a instrumentalização do seu semelhante.

Nestas condições, se este processo de individualização e esvaziamento da "vontade geral" se verifica meio à pobreza e descaso com os que vivem à margem das conquistas tecnocientíficas e econômicas modernas, como é o caso em muitos países em fase de desenvolvimento, obviamente haverá uma explosão da violência, uma violência "oficializada" própria dos mecanismos perversos de relacionamento entre indivíduos, Estado e sociedade de consumo.

Este esvaziamento não é por acaso: faz parte dos desdobramentos da Modernidade e se agrava ideologicamente com o advento do projeto político dos Estados de Direito pós-modernos. A saída talvez esteja exatamente aqui, neste espaço, nessa lacuna, nesse vácuo a que o Ser, igualmente o Ser jurídico e político, estão submetidos como em meio a um "turbilhão do nada". A melhor saída, a única saída razoável e profícua, é o resgate do dever-ser jurídico como ética, tanto mais necessário quanto a estética jurídica se debruça em reflexões hermenêuticas de condutas, em um tempo virtual pós-fato. No fundo, esta saída sociojurídica aponta para uma relação e um viver a política de forma crítica, contudo, extremamente ética.

Na Antiguidade o "absoluto ético" era construído em torno da vontade potencial do Ser optar pelo comportamento ético-decente. Ético-decente no sentido de uma conduta humana intrinsecamente justa em contraposição a um Estado simplesmente legalista, que hoje chamamos de Estado de Direito e o vemos como conquista da democracia. Primordialmente, pela necessária convivência humana que leva à admissão intrínseca de valores basilares que dão sentido à conduta humana coletiva, o sentido e a verdade ética do Estado de Direito, porque sem humanidade não existe processo civilizatório.

Na complexidade do homem pós-moderno e das sociedades contemporâneas industriais e mercantis, elaborou-se uma separação entre o ético e o legal e destruiu-se a noção de uma estética ética. Também a desconstrução ontológica, a extrema laicização filosófica, o antropocentrismo técnico-científico e o mercantilismo científico se, de um lado, deram ao homem a autossuficiência, por outro, lhe trouxeram uma racionalidade de sobreposição de várias ordens, ou um paralelismo onde a desordem aparece como pano de fundo para a institucionalização de condutas e práticas aceitáveis em várias dimensões do cotidiano e ao nível dos seus mecanismos de poder, como no caso do jurídico. Não é exatamente uma desordem, menos uma desordem produtiva, mas somente várias ordens onde a falta de compromisso com a ética decente se sobressai como o natural, como a corrupção e a prevaricação do jurídico. Tudo isto é conforme e atende aos mecanismos mais sofisticados de disciplina e controle das sociedades informacionais de nosso tempo.

Ainda assim, e aqui está o ponto, nenhuma sociedade humana aceita, desde os tempos imemoriais até as sociedades mais complexas contemporâneas, o assassinato. Por que este valor absoluto, a condenar e punir como crime a morte premeditada ou não do Outro? Porque não seria possível a sobrevivência coletiva dos homens se tal prática fosse admitida. E por isso, desde a mais simples sociedade tribal à mais complexa diferenciação técnico-burocrática das sociedades de controle, como os Estados de Direito contemporâneos, tal prática pôde ser admitida; nunca foi, nunca o será como não o é admitida hoje.

Por maior que sejam as diferenciações ao longo do processo histórico civilizatório nas esferas da religião, ética, política, etiqueta, direitos, um grupo substancial e importante de princípios valorativos ainda permanece como orientadores de condutas humanas absolutamente desejáveis punindo os infratores ou praticantes do indesejável (de forma geral: assassinato, estupro, incesto, furto, corrupção, mentira, traição, prevaricação). Não por uma ontologia ética, espiritual, transcendental, divina, mas imposta e reafirmada pelos processos educacionais oriundos dos sentidos da vida coletiva como estratégia de sobrevivência. Claro que o processo histórico determina as formas como esse vigiar, julgar e punir se dão de forma concreta em cada sociedade, e como esse sentido se enche de valores próprios derivados dessas mesmas estratégias de sobrevivência material e concepções intelectuais decorrentes. A forma é absolutamente diferenciada e tende a se diferenciar em si mesma cada vez mais intensa e velozmente, tanto quanto mais perto da dinâmica de produção-consumo estiverem sujeitadas.

Mas na essência uma determinada limitação existe a esta diferenciação ilimitada. É uma imposição da vida em grupo, base da própria sobrevivência civilizatória que, na superação de seu estado puramente anímico e instintivo, os homens anseiem por liberdade. Este anseio, no entanto, reconhece na vida coletiva a necessidade de conviver com a liberdade do Outro. Qual a melhor forma de ser livre e não precisar da legalidade que me priva dela? Fazer a opção pelo justo ético, escolher a conduta que impeça que outrem – pessoa, Direito ou Estado – se interponha e imponha sobre minha liberdade. Antes que isto aconteça Eu intervenho e me imponho eticamente.

A "*Desobediência da Personalidade Ética*" ao rejeitar a diferenciação ilimitada e o absoluto relativismo, afirma a racionalidade especulativa e por ela procura o diálogo e, se for o caso, desobedece à lei quando é injusta. Na medida em que se pretende rejeitar as práticas humanas que condenam a civilização, como, por exemplo, o assassinato, e aí está o limite dessa diferenciação de conteúdos, se faz necessário afirmar que a bestialidade de certas condutas e a defesa inconteste da diferenciação constrói também a injustiça e o poder estatal logístico e coercitivo e, por conseguinte, destrói a ética decente, aquela que procura o inexorável convívio humano baseado no bem comum. Assim, quando uma lei, ou o próprio ordenamento jurídico, sua estrutura normativa, se constitui mais como violência simbólica e quando, naturalmente, aos cidadãos fica claro que esses aparelhos vão além da ideologia e utopia para se ater a formas eminentemente repressivas e elitistas de Estado, mesmo o de Direito, então, neste caso, o questionamento pode ser uma alternativa absolutamente viável e necessária, não em nome de um purismo filosófico metafísico, de uma ética espiritual absoluta, mas em nome da sobrevivência histórica da humanidade: a "*Personalidade Ética*" precisa ver como processo histórico determinado esta alternativa ao Estado no seio de seu racionalismo instrumental e relativismo genérico. A estética do Ser e do Direito também englobam esta autonomia do Ser escolher, referindo-se ele ao Outro.

Fez-se neste trabalho o estudo histórico de concepções ético-políticas. Só agora, depois deste entendimento geral, depois desta arqueologia do sentido da ética, do recorte de alguns períodos importantes desta genealogia da ética, poder-se-ia pensar se furtar duas melancias para comer é falta de ética? Ainda que evidentemente o Ser e o Direito só possam responder a esta pergunta analisando o sentido de tal conduta, e compará-lo com o sentido de outros atos de furto, ciência da hermenêutica, se faz necessário entender esta prática como absolutamente indesejável na medida, e somente nesta medida, em que priva de igual sobrevivência o Outro e na medida em que esse Outro está consciente dos perigos que ele mesmo corre e assim não autoriza esta tomada de seus pertences. Logicamente, se esta autorização está implícita ou explícita pelo possuidor original não cabe logicamente o delito ao tomador, da mesma forma que aquele que está furtando as duas melancias não concorda com o prejuízo que lhe comete uma comunidade que se furta a lhe dar condições dignas de vida, como tampouco aceita a exploração de seu trabalho por outrem que o exclui sob os auspícios da legalidade.

Em uma sociedade coletivista o roubo não terá motivação; mas é possível que algum indivíduo ainda deseje possuir pela força pessoal o que é de direito e socialmente aceitável de outrem. Neste caso, de onde virá a noção de furto se a propriedade privada não existe? O fim da propriedade privada e a instauração da propriedade coletiva ainda pressupõem que cada indivíduo tenha algo, não em quantidade, ou valor monetário, mas em relação direta com suas potencialidades, e então será moralmente aceitável que ele queira preservar isso como seu, o produto de seu esforço ou engenhosidade. Assim, ou esta sensação de querer e de direito se extingue por completo em todos os membros da sociedade, o que parece inverossímil e indesejável, ou deverá haver um mínimo de valores decentes capazes de evitar o roubo, o assassinato, o estupro, a calúnia etc. Difícil achar que o caráter humano se modificará no futuro próximo ao ponto de uma sociedade humana não possuir tais condutas indesejáveis e que a liberdade não comporte nenhum tipo de coerção a não ser a própria responsabilidade de cada um. Ainda nesse caso, a responsabilidade deve ter máximas de orientação, do tipo não fazer ao outrem o que não gostaria que se fizesse com ele. Ali haverá uma moral e um comportamento ético derivado.

Mais fundamental ainda, é que não se trata de qualificar o furto como indesejável apenas e somente por uma definição própria de um certo tipo de desenvolvimento produtivo historicamente tomado, por exemplo, aquele que inviabiliza as possibilidades da sobrevivência com dignidade para todos os membros da sociedade. Se de um lado se demonstraria facilmente o absurdo do ato de tomar as posses do Outro, dificilmente se aceita, entre nós, que os sistemas da modernidade levam cada vez mais a injustiças, como deixar alguém passar fome a ponto de ter de furtar "duas melancias" para saciar essa fome, estando em relação de trabalho submetido a outro alguém, oriunda essa desigualdade e falta de civilidade e humanidade em meio ao intenso predomínio das coisas sobre o Ser.

De fato, não se percebe nenhum pensador negar que o furto viola os direitos de posse do Outro e que extrapola os limites dos direitos do tomador furtivo. Irrefutável esta premissa; mas, da mesma forma, é irrefutável a violação de limites e direitos da esmagadora maioria dos homens cada vez mais submetidos ao poder cibernético e da riqueza infortunadamente concentrada a ponto de condenar milhões de seres humanos à morte por inanição advinda da fome, e de tantas e tantas outras formas que de "naturais" parecem ser mais éticas e decentes do que o furto de bagatela para saciar a fome.

# REFERÊNCIAS BIBLIOGRÁFICAS

ADEODATO, João Maurício. *Filosofia do Direito – Uma crítica à verdade na ética e na ciência*. 3. ed. São Paulo: Saraiva, 2005.

ADORNO, Theodor W. Ideias para a Sociologia da Música. *In* P.E. Arantes (org.). *Benjamin, Habermas, Horkheimer, Adorno*. 2. ed. São Paulo: Abril, 1893. (Coleção Os Pensadores).

________. *Educação após Auschwitz*. São Paulo: Atlas, 1982. (Coleção Grandes Cientistas Sociais).

AGOSTINHO, Santo. *Confissões*. 3. ed. São Paulo: Abril, 1984. (Coleção Os Pensadores).

ALMEIDA PRADO, Antônio Orlando de (org.). *Código de Hamurabi; Lei das XII Tábuas; Manual dos Inquisidores; Lei do Talião*. São Paulo: Paulistanajur, 2004.

ALVES, Rubem. *Filosofia da Ciência*. 5. ed. São Paulo: Brasiliense, 1984.

ANGAMBEN, Giorgio. *Homo Sacer – O poder soberano e a vida nua*. Belo Horizonte: UFMG, 2004.

ARENDT, Hannah. *A Condição Humana*. 10. ed. São Paulo: Forense Universitária, 2004.

________. *Da Violência*. Brasília: UNB, 1985.

________. *O Sistema Totalitário*. Lisboa: Dom Quixote, 1978.

ARON, Raymond. *As Etapas do Pensamento Sociológico*. São Paulo: Martins Fontes, 1999.

ATIENZA, Manuel. *As Razões do Direito – Teoria da Argumentação Jurídica*. São Paulo: Landy, 2002.

BALANDIER, Georges. *O Dédalo – Para finalizar o século XX*. Rio de Janeiro: Bertrand, 1999.

BALZAC, Honoré de. *Ilusões Perdidas*. Coleção: Clássicos de Literatura Mundial. São Paulo: Abril, 1881.

BARBOSA, Rui. *Campanhas Jornalísticas - Obras Seletas*. 3. ed. Rio de Janeiro: [s.n.], 1957. v. III

BARROS, Wellington Pacheco. *A Interpretação Sociológica do Direito*. Porto Alegre: Livraria do Advogado, 1995.

BAUMAN, Zigmunt. *Modernidade e Holocausto*. Rio de Janeiro: Zahar, 1998.

BECCARIA, Cesare. *Dos Delitos e das Penas*. São Paulo: Edipro, 2003.

BENTHAM, Jeremy. *Uma introdução aos princípios da moral e da legislação*. 3. ed. São Paulo: Abril, 1984. (Coleção Os Pensadores).

BILLIER, Jean-Cassien & MARYIOLI, Aglaé. *História da Filosofia do Direito*. Barueri: Manole, 2005.

BITTAR, Eduardo C. B. *Curso de Filosofia Aristotélica*. Barueri: Manole, 2003.

________. & ALMEIDA, Guilherme. *Curso de Filosofia do Direito*. São Paulo: Atlas, 2001.

BOBBIO, Norberto. *O Positivismo Jurídico - Lições de Filosofia do Direito*. São Paulo: Ícone, 1999.

BONNEWITZ, Patrice. *Primeiras Lições sobre a Sociologia de P. Bourdieu*. Petrópolis: Vozes, 2003.

BOURDIEU, Pierre. *A Reprodução:* Elementos para uma teoria do sistema de ensino. Rio de Janeiro: Francisco Alves, 1975.

BORGES, Jorge Luis. *História dos Ecos de um Nome*. São Paulo: Editora Globo, 1999. (Obras Completas II).BRAGANÇA DE MIRANDA, José A. *Stirner o Passageiro da História*. *In* STIRNER, Max. *O Único e sua Propriedade*. Lisboa: Antígona, 2004.

BRUHL, Lévy. *Sociologia do Direito*. São Paulo: Difel, 1964.

CAIO PRADO JÚNIOR. *O Mundo do Socialismo*. São Paulo: Brasiliense, 1961.

CARNELUTTI, Francesco. *Arte do Direito*. Campinas: Edicamp, 2003.

CASTORIADIS, Cornelius. *A Instituição Imaginária da Sociedade*. Rio de Janeiro: Paz e Terra, 1982.

________. *Feito e a ser Feito* - As Encruzilhadas do Labirinto V. Rio de Janeiro: DP&A, 1999.

CASTRO, Celso A. Pinheiro de. *Sociologia do Direito*. 6. ed. São Paulo: Atlas, 1999.

CATÃO, Francisco. *O que é Teologia da Libertação*. São Paulo: Brasiliense, 1986.

CERTEAU, Michel de. *A Invenção do Cotidiano*. 9. ed. Petrópolis: Vozes, 2003.

CHAUÍ, Marilena. *Introdução à História da Filosofia - dos Pré-Socráticos a Aristóteles*. 2. ed. São Paulo: Cia. das Letras, 2002. v. 1

________. *O que é Ideologia*. São Paulo: Brasiliense, 1980.

CHOMSKY, Noam & HERMAN, Edward S. *A Manipulação do Público - Política e poder econômico no uso da mídia*. São Paulo: Futura, 2003.

COELHO, Fábio Ulhoa. *Para Entender Kelsen*. 3. ed. São Paulo: Max Limonad, 1999.

CORREIA, Adriano (Coord.). *Transpondo o Abismo - Hannah Arendt entre a filosofia e a política: Introdução*. Rio de Janeiro: Forense Universitária, 2002.

COSSIO, Carlos. *El derecho en el derecho judicial*. Buenos Aires: Librería El Foro, 2002.

DAHRENDORF, Ralf. *A Lei e a Ordem*. Brasília: Instituto Tancredo Neves/ Fundação Friedrich Naumann, 1987.

DEBRUN, Michel. *Gramsci: Filosofia, política e bom senso*. Campinas: Fapesp, Unicamp, 2001.

DELEUZE, Gilles. *Diálogos*. São Paulo: Escuta, 1998.

________. *Conversações*. 2. reimp. Rio de Janeiro: Editora 34, 1998.

DELEUZE, Gilles; GUATARRI, Félix. *O Anti-Édipo*: capitalismo e esquizofrenia 1. 2aª ed. São Paulo: Editora 34, 2011.

DILTHEY, Wilhelm. *Sistema de Ética*. São Paulo: Ícone, 1994.

DURKHEIM, Émile. *Divisão do Trabalho Social e Direito*. *In* SOUTO, Claudio e FALCÃO, Joaquim (org.). *Sociologia e Direito*. 2. ed. São Paulo: Pioneira, 1999.

DUSSEL, Enrique. *Ética da Libertação na Idade da Globalização e da Exclusão*. Petrópolis: Vozes, 2000.ECO, Umberto. *Quando o outro entra em cena*. *In* Cinco escritos morais. 3. ed. Rio de Janeiro: Record, 1998.

FERRAZ JR., Tercio Sampaio. *Introdução ao Estudo do Direito - Técnica, Decisão, Dominação*. 4. ed. São Paulo: Atlas, 2003.

FOUCAULT, Michel. *A Verdade e as Formas Jurídicas*. 2. ed. Rio de Janeiro: PUC-RJ & NAU Editora, 1999.

________. *As Palavras e as Coisas – Uma arqueologia das ciências humanas.* 3. ed. São Paulo: Martins Fontes, 1985.

________. *Microfísica do Poder*. 16. ed. Rio de Janeiro: Graal, 2001.

________. *Vigiar e Punir*. 25. ed. Petrópolis: Vozes, 2002.

________. *Ditos & Escritos – Foucault: Ética, Sexualidade, Política*. 2. ed. Rio de Janeiro: Forense Universitária, 2006. v. V

FUKUYAMA, Francis. O Fim da História e o Último Homem. Rio de Janeiro: Rocco, 1992.

GODWIN, William. *Os Males de um Ensino Nacional* (*In* Investigação sobre a Justiça Política). In WOODCOCK, George. *Os Grandes escritos Anarquistas*. 2. ed. Porto Alegre: L&PM, 1981.

GOLDMANN, Lucien. *A reificação das relações sociais*. In FORACCHI, Marialice Mencarini & MARTINS, José de Souza. Sociologia e Sociedade. 3. ed. Rio de Janeiro: LTC, 1980.

GOMES, Orlando. *Raízes Históricas e Sociológicas do Código Civil Brasileiro*. São Paulo: Martins Fontes, 2003.

GRAMSCI, Antonio. *Concepção Dialética da História*. 5. ed. Rio de Janeiro: Civilização Brasileira, 1984.

GUATTARI, Félix. *Entrevista Sobre o Anti-Édipo*. In DELEUZE, Gilles. *Conversações*. 2. reimp. Rio de Janeiro: Editora 34, 1998.

GUERRA FILHO, Willis Santiago. *Teoria Política do Direito – Uma introdução política ao Direito*. Brasília: Brasília Jurídica, 2000.

GURVITCH, George. *Sociologia Jurídica*. Rio de janeiro: Kosmos, 1946.

HABERMAS, Jürgen. *Pensamento Pós-Metafísico*. 2. ed. Rio de Janeiro: Tempo Brasileiro, 2002.

________. *Técnica e Ciência Enquanto Ideologia. In* Benjamin, Habermas, Horkheimer, Adorno. 2. ed. São Paulo: Abril Cultural, 1983. (Coleção Os Pensadores).

HARNECKER, Marta. *Os Conceitos Elementares do Materialismo Histórico*. São Paulo: Global, 1981.

HEGEL, Georg Wilhelm Friedrich. *Introdução à História da Filosofia*. São Paulo: Rideel, 2005.

________. *A Fenomenologia do Espírito*. 2. ed. São Paulo: Abril, 1980. (Coleção Os Pensadores).

HEIDEGGER, Martin. *Sobre o Humanismo*. 3. ed. São Paulo: Abril, 1984. (Coleção Os Pensadores).

________. *Meu Caminho para a Fenomenologia*. 3. ed. São Paulo: Abril, 1984. (Coleção Os Pensadores).

______. *A Origem da Obra de Arte*. Trad. de Maria da Conceição Costa. Lisboa, PT: Edições 70, 1977.

HELLER, Agnes. *Além da justiça*. Rio de Janeiro: Civilização Brasileira, 1998.

________. *Entrevista*. Rio de Janeiro: UERJ, 2002.

________. & FEHÉR, Ferenc. *A Condição Política Pós-moderna*. Rio de Janeiro: Civilização Brasileira, 1998.

HENZ, Alexandre de Oliveira. *História Anômala e políticas de Subjetivação*. *In* Verve, n. 6. São Paulo: Revista do NU-SOL - Núcleo de Sociabilidade Libertária do Programa de Estudos Pós-Graduados em Ciências Sociais da PUC-SP, 2004.

HOUTART, François e POLET, François. *O Outro Davos - Mundialização de resistências e de lutas*. São Paulo: Cortez, 2002.

JHERING, Rudolf von. *A Luta pelo Direito*. São Paulo: Martin Claret, 2003.

JUNQUEIRA, Eliane Botelho. *Através do Espelho - Ensaios de Sociologia Jurídica*. Rio de Janeiro: Instituto Direito e Sociedade/Letra Capital, 2001.

KAFKA, Franz. *Narrativas do Espólio*. São Paulo: Cia. das Letras, 2002.

KANT, Immanuel. *Crítica da Razão Pura*. 2. ed. São Paulo: Abril, 1983. (Coleção Os Pensadores).

________. *Crítica da Razão Prática*. Lisboa: Edições 70, 1994.

________. *A Paz perpétua e outros opúsculos*. Lisboa: Edições 70, 1995.

KELSEN, Hans. *Teoria Pura do Direito*. 3. ed. São Paulo: Martins Fontes, 1998, 4. reimp (2000).

KIERKEGAARD, Soren Aabye. *Diário de um Sedutor*. 2. ed. São Paulo: Abril, 1984. (Coleção Os Pensadores).

________. *O Desespero Humano*. 2. ed. São Paulo: Abril, 1984. (Coleção Os Pensadores).

________. *Temor e Tremor*. 2. ed. São Paulo: Abril, 1984. (Coleção Os Pensadores).

KOSIK, Karel. *Dialética do Concreto*. 2. ed. Rio de Janeiro: Paz e Terra, 1976.

KUHN, Thomas S. *A Estrutura das Revoluções Científicas*. 5. ed. São Paulo: Perspectiva, 2000.

LA BOÉTIE, Étienne de. *Discurso sobre a Servidão Voluntária*. São Paulo: Revista dos Tribunais, 2003.

LEBRUN, Gerard. *Nietzsche: Vida e Obra*. Obras Incompletas. 3. ed. São Paulo: Abril, 1983. (Coleção Os Pensadores).

LUKÁCS, Georg. *História e Consciência de Classe – Estudos da dialética marxista*. 2. ed. Rio de Janeiro: Elfos, 1989.

MALATESTA, Errico. *Definição de Anarquia (In Anarquia)*. In WOODCOCK, George. Os Grandes escritos Anarquistas. 2. ed. Porto Alegre: L&PM, 1981.

MANNHEIM, Karl. *Ideologia e Utopia*. 4. ed. Rio de Janeiro: Zahar, 1982.

MARCUSE, Herbert. *A Ideologia da Sociedade Industrial – O Homem Unidimensional*. 6. ed. Rio de Janeiro: Zahar, 1982.

MARTÍNEZ, Soares. *Filosofia do Direito*. Coimbra: Almedina, 1995.

MARTINS, Ives Gandra. *O Estado do Futuro*. São Paulo: Pioneira, 1998.

MARX, Karl. *Crítica ao Programa de Gotha*. *In* Karl Marx e Friedrich Engels. São Paulo: Alfa-Ômega, 1980. Obras Escolhidas, v. 2.

________. *Prefácio à Contribuição à Crítica da Economia Política*. *In* Karl Marx e Friedrich Engels. São Paulo: Alfa-Ômega, [s.d.]. Obras Escolhidas, v. 1.

________. *Diferenças entre as Filosofias da Natureza em Demócrito e Epicuro*. São Paulo: Global, 1987.

________. *Manuscritos Econômico-Filosóficos*. São Paulo: Martin Claret, 2001.

________. & ENGELS, Friedrich. *A Ideologia Alemã – Feuerbach*. *In* FERNANDES, Florestan (org.). Marx e Engels – História. São Paulo: Ática, 1983.

MONDIN, Battista. *O Humanismo de Tomás de Aquino*. Bauru: EDUSC, 1998.

MONTESQUIEU. *De L'espirit des lois*. Paris: Garnier Frères, 1973.

MOREIRA DE PAULA, Jônatas Luiz. *A Jurisprudência como elemento de Inclusão Social*. São Paulo: Manole, 2002.

MORRIS, Clarence (Org.). *Os Grandes Filósofos do Direito*. São Paulo: Martins Fontes, 2002.

MORUS, Thomas. *A Utopia*. São Paulo: Martin Claret, 2001.

NADER, Paulo. *Filosofia do Direito*. 13. ed. Rio de Janeiro: Forense, 2003.

NAVES, Márcio Bilharinho. *Marxismo e Direito – um estudo sobre Pachukanis*. São Paulo: Boitempo, 2000.

NETO, Pedro Scuro. *Manual de Sociologia Jurídica*. 3. ed. São Paulo: Saraiva, 1999.

NIETZSCHE, Friedrich. *Assim falou Zaratustra*. 3. ed. São Paulo: Abril, 1983. (Coleção Os Pensadores – Obras Incompletas).

________. *Ecce Homo*. 3. ed. São Paulo: Abril, 1983. (Coleção Os Pensadores – Obras Incompletas).

________. *Para a Genealogia da Moral*. 3. ed. São Paulo: Abril, 1983. (Coleção Os Pensadores – Obras Incompletas).

________. *Sobre o Niilismo e o Eterno Retorno – A Vontade de Potência*. 3. ed. São Paulo: Abril, 1983. (Coleção Os Pensadores – Obras Incompletas).

OLSON, Mancur. *A Lógica da Ação Coletiva*. Clássicos, n. 16. São Paulo: Edusp, 1999.

PEREIRA, Otaviano. *O que é Moral*. 1. reimp. São Paulo: Brasiliense, 1998.

PESSANHA, José Américo Motta. *Bachelard: Vida e Obra*. São Paulo: Abril, 1984. (Coleção Os Pensadores).

PINHEIRO, Pe. José Ernanne; SOUSA JR., José Geraldo de; DINIS, Melillo & SAMPAIO, Plínio de Arruda (orgs.). *Ética, Justiça e Direito*. 2. ed. Petrópolis: Vozes, 1997.

PISIER, Evelyne (Org.). *História das Ideias Políticas*. Barueri: Manole, 2004.

PLATÃO. *O Banquete*. 3. ed. São Paulo: Abril, 1983. (Coleção Os Pensadores).

________. *Apologia a Sócrates*. São Paulo: Escala, 1995.

________. *Fédon*.3. ed. São Paulo: Abril, 1983. (Coleção Os Pensadores).

PONTES, Kassius Diniz da Silva; CÔRTES, Osmar Mendes Paixão & KAUFMANN, Rodrigo de Oliveira. *O Raciocínio Jurídico na Filosofia Contemporânea – Tópica e Retórica no Pensamento de Theodor Viehweg e Chaïm Perelman*. São Paulo: Carthago, 2002.

PONTY, M. Merleau. *A Fenomenologia da Percepção*. Rio de Janeiro: Freitas Bastos, 1971.

PORTANOVA, Rui. *Motivações Ideológicas da Sentença*. 4. ed. Porto Alegre: Livraria do Advogado, 2000.

PROUDHON, Pierre-Joseph. *O Nascimento da Anarquia: A morte da propriedade (In Qu'est-ce que la Propriété?)*. In WOODCOCK, George. Os Grandes Escritos Anarquistas. 2. ed. Porto Alegre: L&PM, 1981.

REALE, Miguel. *Filosofia do Direito*. 20ª ed. 3ª tiragem. São Paulo: Editora Saraiva, 2002.

ROUSSEAU, Jean-Jacques. *Discurso sobre a Origem e os Fundamentos da Desigualdade entre os Homens*. 2. ed. São Paulo: Abril, 1978. (Coleção Os Pensadores).

________. *Do Contrato Social*. 2. ed. São Paulo: Abril, 1978. (Coleção Os Pensadores).

SACADURA ROCHA, José Manuel. *Fundamentos e Fronteiras da Sociologia Jurídica*. São Paulo: Juarez de Oliveira, 2005.

________. *A Ética da Personalidade e o Direito, In* Revista da Faculdade de Direito – FMU, Ano XVIII, n. 26, 2004.

SARAMAGO, José. *Objecto Quase*. 5. reimp. São Paulo: Cia. das Letras, 2001.

SARTRE, Jean-Paul. *A Imaginação*. 5. ed. São Paulo: Difel, 1980.

________. *Crítica da Razão Dialética*. Rio de Janeiro: DP&A, 2002.

________. *O Existencialismo é um Humanismo*. São Paulo: Abril, 1984. (Coleção Os Pensadores).

________. *Verdade e Existência*. 2. ed. Rio de Janeiro: Nova Fronteira, 1990.

SEVERINO, Antônio Joaquim. *A Filosofia Contemporânea no Brasil – Conhecimento, política e educação*. 4. ed. Petrópolis: Vozes, 2002.

SMITH, Barbara Herrnstein. *Crença e Resistência:* A dinâmica da controvérsia intelectual contemporânea. São Paulo: UNESP, 2002.

SOUSA SANTOS, Boaventura de. *Introdução a uma Ciência Pós-moderna*. Rio de Janeiro: Graal, 1989.

________. *Pela Mão de Alice*. São Paulo: Cortez, 1995.

________. *Crítica da Razão Indolente*. São Paulo: Cia. Das Letras, 2000.

SARTRE, Jean-Paul. Crítica da Razão Dialética. Rio de Janeiro: DP&A, 2002.

STIRNER, Max. *O Único e sua Propriedade*. Lisboa: Antígona, 2004.

TOCQUEVILLE, Alexis de. *Democracia na América*. São Paulo: Editora Nacional, 1969.

TOURRAINE, Alain. *Crítica da Modernidade*. Petrópolis: Vozes, 1994.

VÁZQUEZ, Adolfo Sánchez. *Ética*. Rio de Janeiro: Civilização Brasileira, 1999.

VIEIRA, Pe. Antônio. *Sermões*. 1. reimp. São Paulo: Hedra, 2001.

WEBER, Max. *Economia y Sociedad*. 2. ed. 7. reimp. México: Fondo de Cultura Económica, 1984.

________ . *Os Três Tipos Puros de Dominação Legítima*. *In* Weber – Sociologia. 2. ed. São Paulo: Ática, 1982. Coleção Grandes Cientistas Sociais, n. 13.

WEFORT, Francisco (org.). *Os Clássicos da Política*. v. 1 e v. 2. São Paulo: Ática, 2001.

# ÍNDICE ONOMÁSTICO

EDITORA
JusPODIVM
www.editorajuspodivm.com.br